# DIOTREPHE.

*Histoire Valentine.*

## PAR MONSEIGNEVR
### L'EVESQVE DE BELLEY.

A LYON

Chez ANTOINE CHARD,
à l'enseigne du S. Esprit.

M. DC. XXVI.

Auec Priuilege du Roy.

# AVANT-PROPOS.

PRES les *Actions Diuines* dont la gloire & la majesté reluisent aux Mysteres de nostre creance, & que Dieu a reuelées à son Eglise, il me semble qu'il n'y a point de sujet plus digne de nostre consideration que les *Actions Humaines*. Car outre que dans l'Ame de l'homme est empreinte l'image de la Diuinité, le rayon du visage de Dieu, que le Psalmiste dit estre graué sur nous, ne paroist, ce me semble, en rien mieux qu'en ceste liberté & fran-

chise de nostre arbitre, d'où prouient la bonté ou la malice de nos œuures. Et c'est autour de cet employ que s'occupe toute la Philosophie des Mœurs, qui peut estre appellée la regle de la vie, & la science du bien & du mal. Les autres sciences plus subtiles & speculatiues ne font que meubler l'entendement de belles connoissances, mais celle-ci passe dans la volonté, faculté de l'Ame Reine de toutes les autres. Or elle s'apprend par deux chemins, l'vn long & tournoyant, qui est celuy des preceptes & maximes, l'autre court & droit, qui est celuy des exemples. C'est par cettuy-ci que ie chemine pour obeïr au commandement que
Dieu

## AVANT-PROPOS.

Dieu me fait par le Prophete; Crie sans cesse, releue le ton de ta voix comme le son d'une trompette. & à quelle fin? Annonce à mon peuple ses pechez, & represente ses fautes à la maison de Iacob. A raison de cela Dieu disoit à Israël par la bouche d'un autre Prophete; Ie reueleray ta honte, & la jetteray sur ton visage. & par celle de Dauid; Ie te reprendray, & ie mettray tes crimes sur ton front. Ceux qui sont si delicats de n'oser dire ou escrire les maux qui sont dans le Monde, ressemblent à ces Medecins qui font auertir par d'autres leurs malades de penser à la mort & à leurs affaires, parce qu'ils sont en grand danger.

Il y a peu d'Isayes qui disent aux Grands, disposez de vostre maison, car vous mourrez. Les Chirurgiens sont blasmables qui par une impitoyable pitié laissent venir la gangrene aux playes, pour n'auoir pas le courage de les panser. Ne parler de la mort & n'y songer pas, est le moyen d'en estre surpris, & de la faire mauuaise. La corruption des mœurs vient de la trop grande indulgence dont on vse enuers les pecheurs, lors qu'on les loüe aux desirs de leurs ames, & qu'on les benit en leurs iniquitez. Ouy, mais en voulant desapprendre des maux à ceux qui les sçauent, on les apprend à tels qui ne les sçauent pas. Cela estoit bon à dire en un siecle moins corrompu que le nostre, auquel les enfans sont deniaisez dés le berceau, & succent la malice auecque le laict. Ie ferois mieux, disent quelques vns, d'employer mon stile à escrire des Oeuures Spirituelles. Mais outre qu'il y en a sans nombre, quelles Oeuures plus Spirituelles peut-on desirer que celles qui enseignent la vraye Iustice? Et en quoy consiste la vraye Iustice sinon, comme dit le Psalmiste, à euiter le mal, & à faire le bien? Et quelle science monstre ceci plus clairement & plus pertinemment que l'Histoire, où comme dans vn miroir on void ce qu'il faut pratiquer, & ce qu'il faut fuir? C'est ce que ie fais en ces

Narrations Singulieres que ie donne au public. Ie me voy seul en ce genre d'escrire, où la pluralité des Autheurs & des Histoires feroit vn grand effect, pour contreminer ceste enorme multitude de Liures profanes & deshonnestes qui sortent tous les iours en lumiere, & qui corrompent les bonnes mœurs. Et cependant il y en a qui disent que i'en fais trop, encore que l'emplastre ne couure pas la centiesme partie de la playe. Ce n'est pas l'opinion de ceux qui me prient de tous costez, mesmes des païs estrangers, que i'escriue autant que ie pourray de ceste sorte, pour les vtilitez qu'ils m'asseurẽt en reuenir à beaucoup d'esprits.

Ce

# AVANT-PROPOS.

Ce n'est pas l'auis de ceux qui me pressent sans cesse de publier la Septiesme Partie d'ALEXIS, & les suiuantes, de donner au iour la CONVERSION D'AGLAE dont ie parle en quelque lieu; bref qui tiennent le moindre project pour vne promesse, & vne promesse pour vne obligatiõ necessaire. C'est ce qui me fait tousiours tracer quelque Euenement. Cettuy-ci transplanté & vn peu deguisé combat vne coustume de Sebusie, contre laquelle i'ay autrefois publiquement declamé lors que i'estois au lieu où la parole de Dieu s'annonce au peuple. Si ceste petite Histoire tombe entre les mains de ceux qui m'ont ouy parler sur ce sujet, peut-estre

A 5

## AVANT-PROPOS.

que l'attentiue consideration de la lecture fera plus d'impression sur leurs esprits, que des discours qui passent promptement, & qui s'escoulent aisément de la memoire, & que l'exemple de ce funeste accident aura plus de force que des simples raisons. Comment que ce soit i'auray roulé mon tonneau, & faict voir que pour iustifier vne action il ne suffit pas d'alleguer la coustume. Et qu'il y a beaucoup de choses ou bonnes, ou indifferentes en leur origine, qui se couurent de mousse comme les arbres, & par la suitte du temps deuiennët corrompuës & vicieuses. C'est ce que vous allez apprendre du Narré qui suit.

# DIOTREPHE,

*LIVRE PREMIER.*

SOuvent le desastre nous accueille par où l'on y pense le moins. Les malheurs dont cette vie est toute enuironnée, sont tousjours en embuscade pour nous surprendre par où ils ne sont pas attendus; c'est ce qui rend leurs traicts d'autant plus sensibles que l'on y est peu preparé: car celuy qui les

A

void venir de loin s'arme de resolution, & par le bouclier de la Constance rend leurs pointes emoussées. L'eau ne gaigne le vaisseau & ne le coule à fonds que par des ouuertures qui ne sont pas apperceües: le mal connu est remediable; ce n'est que par le deffaut des armes que le soldat est blessé. Ce fut par le flanc, partie la plus delicate & la moins armée, qu'Eleazar tua le grand Elephant d'Antiochus. Les villes ne sont surprises que par des breches dont on ne se doute point. Et Troye le fut par vn cheual de bois, machine que les Troyés esti estimoient sacrée & la marque de leur deliurance. Les habitans de Ierico se mocquoient des processions des Israëlites, & du son de leurs trõpettes Sacerdotales, quãd ils virent tout à coup leurs murailles abbatuës, & leurs vies en la puissance de leurs ennemis. C'est l'ordinaire de voir les Benjamins changez en Benoni, & les ioyes en des douleurs. Holopherne se pensant coucher entre les bras de Iudith, va dormir vn long sommeil dãs ceux de la mort. Sisara boit le laict de Iaël, & puis apres il nage dans son propre sang. Adonias demande de Abisag en mariage, & Salomon luy fait espouser le tombeau. Tel croit manger vn morceau friand, qui rencontre la poison dans le plat, tel se met à table pour banqueter comme Amon, & comme les enfans de Iob, qui de là va au sepulcre. Tobie pense sommeiller sous vn ombrage, & ses yeux sont voilez d'aueuglement. Ionas veut dormir sous vn lierre verdoyant, & vn ver le ronge, & le Soleil tournant le brusle par sa chaleur, au lieu du raffraichissement qu'il cherchoit sous ce fueillage. Ionathas oubliant l'interdit publié

publié par son Pere, goustant d'vn peu de miel au bout d'vne houssine auale sa condamnation. Abner & Amasa pensans embrasser Ioab comme ami, sentent dans leurs entrailles le glaiue d'vn ennemi. Il y a du dáger par tout, dit l'Apostre, en terre, en mer, dans les maisons, par les chemins, dans les compagnies, en la Solitude, parmi les faux freres, au Ciel mesme, puisque les Anges en sont tresbuchez. A raison dequoi le mesme nous cóseille d'auancer nostre salut auec crainte, & le Psalmiste de seruir Dieu auec tremeur, & de l'adorer en tremblant.

blant. Le Mōde est tout plein de lacqs & de pieges, disoit le grand S. Anthoine, helas! qui pourra euiter d'y estre pris? Les larrons entrent par les fenestres des sens, mon œil a desrobé mon cœur, dit Iob cet homme iuste, droit, craignant Dieu, & qui auoit faict vne si bonne paction auec sa veüe: la tentation entre chez nous par autant que nous auōs de pores. de toutes parts nous sommes la butte des malheurs, en la mesme façon que la terre est exposée aux outrages des trois autres Elemens qui l'enuironnent. Loth se pense sauuer d'vne ville

exe

execrable, & au desert il treuue sa perte. Dauid prenoit l'air au faiste de son Palais, & la chair le prit par les yeux & voyant la femme d'Vrie. il ne pensoit pas à mal au commécement, mais le Diable y pensoit pour luy, & en fin le precipita aux deux abysmes de l'adultere & du meurtre. Iudas se promenoit quand il commit inceste auec Thamar sa belle-fille. L'occasion fait souuér le larron, & l'innocence se côserue par la fuitte des obiects qui peuuent attirer au mal. Enee ne pensoit pas en faisant present d'vne espée à la Reine de Carthage, qu'elle qu'elle deust seruir à vn si funeste office que celuy auquel l'employa ceste furieuse Amante.

*Souuent sous les plaisirs se cachent les douleurs,*
*Tout ainsi que l'Aspic se tapit sous les fleurs.*

La premiere femme regarda la pomme deffenduë, & puis escouta le serpent, voila le sujet de sa cheute, & ce qui luy fit prendre ce morceau dont nous auons encore les dents agacées. Elle vouloit apprendre la science du bien & du mal, mais quand ses yeux furent ouuerts sur sa faute, elle connut le mal qui luy estoit arriué,

arriué, & le bien qu'elle auoit perdu. Les plus dangereux stratagemes du mauuais esprit, ce sont ceux par lesquels il nous fait aualer l'hameçon du Vice sous l'amorce d'vne apparente Vertu, & comme dit la sainte parole, lors que de tenebreux qu'il est, il se transforme en Ange de lumiere, & qu'il esblouït en Demon du Midi : d'autant que ses illusions specieuses surprennent les moins auisez en la mesme façon que les oiseaux se prennent au miroir. Il y a des choses qui sont bonnes, ou du moins indifferentes en leur commencement,

qui

qui deuiennent vicieuses en leur progres. y a-t'il rien de plus sage que la jeunesse de Salomon, rien de plus fol que sa vieillesse? Ne regardez pas le vin lors qu'il petille dans le verre, mais cósiderez-le troublant l'entendement & rauageant la raison, quand il est pris outre mesure. Les leûres d'vne mauuaise femme, dit le Sage, sont friandes comme le rayon de miel, mais la fin de sa conuersation est amere comme l'absynthe. Elle ressemble aux sauterelles de l'Apocalypse, dont la teste estoit dorée & la queüe mortelle. C'est la houssine verdoyante de de Moyse qui se change en serpent. Il n'y a rien de si bon que l'abus ne corrompe. Les assemblées se font pour la conuersation, la conuersation est le ciment des cœurs & le lien de la societé publique, l'homme est vn animal sociable, il ne luy est pas bó d'estre seul, Dieu est au milieu de plusieurs assemblez en son nom, les profits de la communication ne se treuuent qu'en compagnie, pourueu que ce soit vne compagnie d'abeilles amassées pour faire du miel, non de guespes qui ne font que bruire & picquer. Iusques ici c'est vne bonne chose

chose de voir de bonnes personnes ensēble; mais le mauuais esprit qui rode sans cesse comme vn Lyon qui cherche sa proye, a tellement troublé les ruisseaux d'vne si claire source pour y pescher plus à son gré, & a tellement alteré l'vsage des conuersations, qu'il fait moissonner des infamies aux lieux où l'hōnesteté conuie d'aller, cet homme ennemi sursemant l'yuraye parmi le bon grain, & alterāt le droit vsage des assemblées ciuiles. Il en a faict au rebours des Persiques, rendant venimeux par transplantation ce qui estoit salutaire en son vray

vray solage. Et comme des corps les plus delicats se font les plus fortes corruptions, de la conuersation qui est en elle-mesme si honnorable, il en a faict vn abreuuoir d'Affrique où s'engendrent tous les iours mille vicieux monstres. Ces reduicts qui se font dans les Citez où les personnes d'honneur se ramassent, n'ont iamais esté introduits que pour polir les mœurs, ciuiliser les personnes, aiguiser les esprits, dresser la contenance, tenir la jeunesse en respect, luy donner entrée dans les connoissances du Monde, luy apprendre la modestie, la
gentil

gentillesse, l'entregent, dresser sa grace, bref pour mettre les vertus en pratique, dont l'on n'a que la Theorie dans la Solitude ou dans la retraite d'vne famille priuée. & comme le fer se polit & esclaircit estant frotté à vn autre, aussi se raffinent les ames par vne mutuelle conference faitte à la veüe de tant d'yeux qui l'esclairent, que mesmes ils sont capables de dissiper les mauuaises intentions, en la façon que la presence du Soleil dissoud les nuages & boit les vapeurs. Là se forment les honnestes bienueillances, là les familles se reconcilient si elles si elles ont des riottes, là elles s'allient si desia elles sont liées d'amitié, là se font des desseins de mariages, là se noyent les déplaisirs dans les consolations, là chacun preuenant son prochain de benedictiõs, de douceur & d'vne dilection fraternelle, les vns & les autres se promettent vne mutuelle assistance. Mais las! combien cet or pur est-il sophistiqué, & ce bon alloy falsifié, veu qu'il semble que les assemblées publiques ne sont plus que des pieges & des chausse-trapes aux pieds des inconsiderez? les bals où se commettent mille insolences, les ont changées en des sacrifices de Baal ou de Moloc, où les corps humains sont sacrifiez par les impuretez & les dangereuses pratiques aux demons, & non à Dieu dont ils deuroient estre les temples viuans. Ce ne sont plus que des nasses où il est aisé de se prendre, & malaisé de s'en retirer, en ces lieux la reputatiō treuue des brisans & des escueils où elle fait vn triste naufrage. Et d'autant que les sepulcres viuans de nos ames sont des vases de terre qui se froissent en s'approchant, les plus auisez s'en destournent, ce qui faisoit dire au grand Stoïque;

Stoïque ; Autant que nous pourrons retirons-nous des chemins glissans, puisque nous demeurons debout dãs les secs auec tant de peine.

*Fuyons ces tristes riuages*
*Tous diffamez de naufrages.*

Et qui est cause de ces malheurs, sinon l'abus qui fait que l'on s'ennyure du vin qui est de luy-mesme si salutaire, & le souuerain antidote de la ciguë: & que l'on tuë auec vne espée, dont l'inuention & l'vsage ne regarde que la deffense contre les iniustes assauts des meschans? Certes il y a beaucoup de coustumes auctorisées par l'vsage public, qui n'estant pas mauuaises en leur origine, au contraire ayant vn bon principe dans la simplicité de nos majeurs, sont deuenuës si alterées par la malice de nostre siecle, qu'il est aussi malaisé de les excuser que facile de les reprendre. Ce n'est pas vne petite entreprise que de vouloir heurter ce que la suitte de tant d'années, & la pratique de tant de personnes, dont beaucoup sont dans la Vertu & dans l'honneur, semble appreuuer, en sorte que mesme la censure en paroist scandaleuse. Et le Monde ne manque point de beaux pretextes pour

pour faire des excuses au mal, la tyrannie de la coustume estant telle qu'elle contraint presque les plus sensez sinon à l'appreuuer, au moins à se taire, à la souffrir, à dissimuler. Les loix mesmes ou consentent au mal, ou plient dessous, & ce qui est public deuient licite en quelque façon, comme l'yurongnerie parmi les Allemáds, la sensualité parmi les Italiens, la vanité parmi les Espagnols, & les Duels parmi les François. chocquez cela, vous auez ces nations sur les bras, vous blessez leur sens commun, & renuersez leurs maximes. I'ay estendu expressément ce discours pour en faire non le frontispice seulement, mais le fondement de ma Narration, où nous verrons vn malheur prouenant d'vne source qui en apparence ne paroist pas mauuaise, mais si l'on iuge de la cause par l'effect, il sera malaisé de la iustifier. I'auertiray seulement mon Lecteur à ceste entrée, que cet Euenement funeste estant arriué en vne Prouince de nos Gaules plus Septentrionale, ie l'ay transplanté ou transporté en vne autre plus Orientale, pour desinteresser la famille & le lieu où il est auenu, & ie l'ay deguisé

deguisé sinon si artistement & subtilement qu'eust peu faire vn esprit plus delié, au moins de telle sorte qu'il sera impossible de deuiner de qui ie parle, bien que l'vn des sujets de ceste Tragœdie respire encore l'air.

Parmi les peuples qui habitent les farouches montagnes des Alpes qui seruent de rampart à l'Italie contre la fureur des François, il n'y en a point de plus renommez que les Allobroges. Ils n'ont rien de grossier que le drap qui les couure, & il doit estre gros à cause de l'inclemence de l'air, & de la rigueur des hyuers qui les tiennent vne bonne partie de l'an assiegez de glaces & de neiges. hors cela ils sont iudicieux & entendus, traittables & doux, & quelque niaiserie dont on les accuse, ce n'est autre chose qu'vn exces de bonté qui les rend, comme dit l'Escriture, simples au mal & prudens au bien. Au demeurant si attachez à leurs vsages qu'en demordre vn point c'est vn sacrilege, les contrarier vne impieté, les reprendre c'est mettre sa bouche dans le Ciel, ce qui a faict chanter il y a tant de siecles au Lyrique Romain,

Aux

*Aux nouueautez l'infidele Allobroge.*

Entre les Allobroges les Sebusiens tiennent le premier rág, leur principale Ville s'appelle Brianche, où la conuersation est si douce, les mœurs si polies & amiables, qu'au lieu de retenir les vices des nations voisines, deffaut ordinaire aux habitans des frontieres, les citoyens de ce lieu ici sçauent si bien discerner ce qu'il y a de deffectueux en l'humeur Françoise & en l'Italienne, & retenir ce qu'il y a de bon en ces deux nations, ausquelles elle sert de passage, qu'elle en fait vn

meslange agreable, qui tient de l'accortise & politesse des Italiens, & de la douceur & naïueté des François. Or entre autres coustumes qui ont vne grande vogue en ceste Cité, il y en a vne contre laquelle ont crié en vain depuis vn temps immemorial tous les Predicateurs, & ie croy mesme que cet escrit y fera encore moins que les cris de ces Trompettes Euágeliques, de ces Heraults du Ciel, de ces Ambassadeurs de Dieu. Car s'ils ont faict la sourde oreille à la parole diuine, que puis-ie esperer de leurs yeux, sinon ou qu'ils se destourne-
ront

ront de ces pages, ou que les ayant leües ils les mespriseront? Mais s'il leur est permis de les negliger, il me le sera bien aussi de leur déplaire, en leur representant le miroir de ceste Histoire, où comme dans vne fidele glace ils verront vne de leurs difformitez. Et vueille le Ciel qu'ils ne facét point comme le Singe, qui tasche de casser celle où il apperçoit sa laideur; & que rejettât cet Euenement comme estranger, ils n'y voyent pas ce qui arriue assez souuent chez eux, conforme à ce que ie vay deduire. Et que sçay-ie si l'auantage que l'exemple a sur le precepte, ne pourroit point retirer quelque esprit de ceste populaire erreur? Si Seneque en ses ouurages se contentoit d'vn seul Lecteur qui en fist son profit, ie ne tiendray point cet escrit inutile, s'il retire vne ame d'vne route & d'vne pratique dangereuse. Il seruira d'instruction à celuy qui s'y agreera, d'auertissement ou de reproche à celuy-là mesme qui ne l'aura pas agreable. Disons donc qu'en vn village voisin de Brianche, il y a vne Eglise celebre dediée à Dieu sous le tiltre de Sainct Valentin. la feste de ce Sainct est au mois de de Feburier, & tombe ordinairement au milieu des desbauches du Carneual. Il va beaucoup de gens à ceste Eglise le iour du Patron, & ces grandes assemblées au langage du païs s'appellent des Vogues, d'où est, comme ie croy, venu ce mot François, il a vne grande vogue, quand vn Predicateur a vne grande suitte d'Auditeurs, ou vn Aduocat vne grande reputation & affluence d'affaires dans vn Palais. De dire les desbauches & de la panse & de la danse qui se font par abus en ces festes de village, il n'est point necessaire ; mais il y a y a vn notable & particulier abus en celle-ci, qui est la cause de beaucoup de malheurs, & la source de plusieurs accidens sinistres. L'on escrit sur du papier d'azur en lettres d'or les noms des femmes & filles tát de la Ville que de la campagne voisine, lesquels taillez en billets, & ces billets mis en rouleaux, & iettez dás vn grand vase comme ceux d'vne Blanque, des gens de consideration deputez à cela tirent au nom des hommes tant mariez que non mariez, ceux des femmes & filles de quelque condition qu'elles soient, ie veux dire dans le mariage

mariage ou nõ, & sans esgard aux qualitez. & celle qui est cheuë par ce Sort à vn homme, il est son Valentin pour toute l'année, & elle sa Valentine. C'est à dire en bon François, que l'vn est le Valet ou Seruiteur de ceste Dame, & ceste Dame la Maistresse de cet homme, celle-ci exerçant vne auctorité absoluë sur son Valentin, & celuy-là rendant des deuoirs & des seruices à sa Valentine, semblables à ceux de ces Amans qui courtisent celles qu'ils cherissent. Ceux qui deffendent à cor & à cri ceste coustume, se seruent de diuerses raisons qui trebuchent

chent au poids profane, mais qui sont bien legeres à celuy du Sanctuaire: car comme les voyes de Dieu sont autant esloignées de celles des hommes, que le Ciel est escarté de la terre, aussi les maximes de l'esprit & celles du Monde sont bien differentes. Ils alleguent le temps, dont la tyrannie exerce vn merueilleux empire sur les opinions du vulgaire, comme s'il pouuoit prescrire le mal, & le conuertir en bien.

*Au contraire le temps empire toutes choses.*
*Tousiours vne saison ne produit pas les roses.*

# Livre I.

*Il fait l'un apres l'autre, & le
    bien & le mal,
Et tousiours des humains le sort
    n'est pas égal,
Et l'homme qui se deult d'vne
    telle auanture,
Peche contre les loix & l'ordre
    de nature.*

Le Ciel s'vse comme vn vestement, les elemens se consument, la terre qui estoit vne Mere feconde au siecle d'or, est en nostre siecle de fer vne marastre sterile; chacun void la decadence du monde. Mais les mœurs se corrompent encore d'auantage, & iusques à tel point que nous ne pouuons plus supporter l'insolence ce de nos vices, & les vices sont tellement incurables que les remedes ne sont plus de saison. Nous ressemblons à ceux qui ne peuuent endurer ni le calcul, ni la taille. Sur ceste pensée ie faisois vn iour ce

## MADRIGAL.

LE calcul vn homme trauaille,
   On luy dit que ceste douleur
Ne s'en ira que par la taille.
Le hazard, dit-il, me fait peur,
Souffrez donc, dit-on, la langueur,
Mais, dit-il, elle me tenaille.
Ainsi en font tous les pecheurs,
Quand on leur dit que de leurs
   cœurs
Le trouble vient de leurs malices,
               Ils

Ils voudroient bien s'en departir,
Mais las! ils ne peuuent patir
Ni les remedes, ni leurs vices.

Au temps ils adiouſtent la couſtume fille de ce Tyran, comme ſi nous ne ſçauions pas que le Vice eſt vne mauuaiſe habitude ou couſtume, comme la Vertu en eſt vne bonne. Ils auancent la tradition de leurs Peres, comme ſi l'on ignoroit qu'il y a des traditions ſaintes & Religieuſes, d'autres ſuperſtitieuſes, d'autres mondaines & perilleuſes. qui ne ſçait que le Carneual eſt vne tradition, & quel bon ſens l'a iamais appreuué?

Qu'eſt-ce

*Qu'est-ce qui par le temps ne
reçoit du dommage?
Qu'elle chose ici bas n'espreuue
point sa rage?
Nos Peres plus meschans que
n'estoyent nos Ayeux,
D'un sang degenerant nous
ont produit au monde,
Race par dessus eux en malice
feconde,
Dont les enfans seront encor
plus vicieux.*

Ils protestent de l'innocence de ceste procedure, & publiét qu'il n'y a rien que d'honnorable, & qu'en ceste distribution ils ne pensent à aucun mal; mais le Diable qui ne perd pas son temps, & qui entre

tre dans les cœurs par la moindre breche, & les enleue comme Archimede auec vn point, y en pense. En verité en vn temps tout confit en malice, y a-t'il lieu de croire que le Monde tout plein de malignité chemine auecque simplicité en ses voyes? Il y a vne route, dit le Sage, qui semble droitte, & dont l'extremité conduit à la mort. O Monde, ô femme de Ieroboam pourquoy te deguises-tu? pourquoy te contrefais-tu? Beaucoup de choses estoient tolerables du temps de nos Peres, qui ne le sont plus au nostre qui est plus deniaisé: toutes

choses

choses ont leur temps, la candeur n'est plus de cettuy-ci, ce n'est plus que fraude & duplicité. Le Mariage est sainct & vn grand Sacrement, y a-t'il rien neantmoins de plus sujet à tromperie? que de gens se marient qui ne s'espousent pas, ie veux dire, se prennent ou par volupté, ou par interest, ou par caprice? combien de gens se promettent la foy, & ne la tiennent point? trahison la plus enorme qui se puisse imaginer. Et en des mœurs si depravées, faire bouclier de l'innocéce, n'est-ce pas remettre à l'enfance le Monde qui est si vieux, & qui ne

ne pense & ne panche qu'au mal? Les sens de l'homme, dit le Sage, sont deprauez & courbez vers la malice dés son adolescence, & comme s'il auoit l'attouchement infect & contagieux, il corrôp aussi tost les choses qu'il manie, & les porte de l'vsage à l'abus. Les Seruiteurs de Dieu qui ont declamé auec assez de bruit, mais iusqu'à present auec biē peu de fruict contre celuy dont ie parle, ont allegué mille belles raisons au contraire de ces friuoles excuses, mais elles n'ont esté non plus entenduës que l'harmonie des Cieux l'est
des

des habitans de la terre, ou que les cheutes du Nil de ceux qui demeurent aupres de ces Catadouppes. Cet escrit n'est pas faict pour les rapporter, puis qu'il n'est pas destiné à enfiler des preceptes, mais à reciter des actiós, par lesquelles on connoistra l'ongle par le Lyon, & l'arbre par le fruict. Que si vn mauuais corbeau ne sçauroit faire vn bon œuf, ny vne meschante plante rien produire qui vaille, il sera aisé à iuger que ces Valentinages ne vallent gueres, puisque pour des biens imaginaires il en reüssit plusieurs malheurs veritables.

Car

Car de dire que cela fait naiſtre des amitiez, & ces amitiez la ciuilité & la courtoiſie, c'eſt plaſtrer vn laid viſage, & reueſtir d'or & de marbre vn tombeau puant au dedans. Encor s'il n'y auoit que les filles à marier, & les ieunes hommes qui ſont à pouruoir, qui pratiquaſſent ceſte ſocieté, bien que ce ſoit pecher contre les principes de l'Amour, enfant de la volonté, & non du Sort; on rejetteroit ceſte ſottiſe ſur la foibleſſe de l'âge incapable de beaucoup de iugement; mais quand les hommes mariez ſe treuuent auoir les femmes de leurs voisins ou des filles pour Valentines, & reciproquement les femmes mariées des ieunes hommes ou les maris des autres pour Valentins, qui ne void là vne confusion pareille à celle du Chaos ou de la Tour de Babel? l'Amour maritale est comme le cœur qui ne peut souffrir de diuision. le lict est trop estroict, dit la sainte parole, l'Espoux & le Valentin n'y peuuent compatir, nul ne peut seruir à deux Maistres, on ne peut voir deux choses à la fois, encore qu'on ait deux yeux, ni auoir deux Amours en vn seul cœur, l'Amour possede toute l'ame, l'ame, & est indiuisible comme elle. Il est delicat comme l'œil, qui ne peut rien souffrir dans sa paupiere. Le Lyon deschire la Lyonne, quand il sent qu'elle a eu accointance auec le Leopard, & que dira-t'on de ceste dangereuse association dont ie parle, en laquelle vn mari sans querelle ne peut refuser la conuersation auec sa femme au Valentin qui l'aura tirée par Sort? ce qui luy acquiert vn droict de la mener à l'Eglise, au bal, aux assemblées, aux promenoirs, par tout, de luy parler, de la cajoller, de la mugueter, de luy faire des presens (&

C 2

cela est d'obligation de bien-seance, si l'on ne veut estre tenu pour tacquin,) non de confitures seulement, mais de choses de plus grand prix, & cela non pour le temps du Carneual seulement, mais de toute vne année. Et quelle place est si forte qui ne soit tentée de se rendre à la merci de l'assiegeant, estant enuironnée durant tant d'espace, & sollicitée à composition en parlementant tous les iours? Certes des chastetez qui demeurent entieres apres ces essais, se peuuent dire à l'espreuue & de franc alloy. Et quoy? est-ce encore pour vn an?

an? nullement, mais autant & plus que ne dure vne beauté: car les noms des ieunes & des vieilles, & de toutes conditions, sont mis dans le vase, & tirez par des hommes de toutes qualitez, de tous âges, de toutes robes. la licence, ou plustost le libertinage en estant venu iusques aux Ecclesiastiques, qui au lieu d'estre le sel pour corriger ceste corruption, & la lumiere pour dissiper ces tenebres, ont par leur facilité, diray-ie fatuité? comme vn sel putrefié, & vne lápe esteinte, presque auctorizé ce desreglemét par leur mauuais exemple, bié que la parole sacrée nous admoneste assez de suiure les enseignemens qui sortent de leurs bouches, quand ils parlent cóme enuoiez de Dieu, sans faire reflexion sur leurs actions. Mais sans m'eschaufer d'auantage à refuter vn abus qu'il ne faut que reciter pour le faire rejetter, voyons l'arrest de sa condamnation dans l'euenement que nous allons deduire. Apres trois ans passez en vn continuel martyre d'affection dans la recherche de Perside, en fin Theophane autant accompagné de bonheur que rempli d'Amour, deuint possesseur

seur de ceste Rachel tant desirée sous l'honnorable joug d'Hymen. Ceste poursuitte s'estoit faitte parmi tant de difficultez qu'il auoit surmontées aidé de la Constance de celle qui auoit arresté en luy ses desirs, comme il auoit attaché ses passions en elle, qu'il y auroit dequoi faire vne autre Histoire aussi grande que celle que ie veux raconter, & dans ces particularitez nous verrions de tels sujets de blasmer sa legereté & son ingratitude, qu'il n'y auroit nul moyen de former aucune excuse en sa faueur. A peine le Soleil auoit-il acheué par deux fois la visite de ses douze maisons, quand cette feste arriua, laquelle Perside deuoit bien marquer en son Calendrier, diray-ie en lettre rouge ou noire, puis qu'il en reüssit de si sanglants & tragicques succes ? Il en est de cette Vogue comme à Paris de la foire de S. Germain, il est malheureux qui n'y va, là chacun a droict de demander des presens & des confitures à ses amis, les mains y sont percées, les bourses ouuertes par la liberalité, il n'y a que les bouches qui se remplissent de dragées & de paroles sucrées, qui sont celles de de remerciment & de compliment. Perside y va auecque les Dames & Damoiselles de son voisinage, pompeuse & parée ainsi que toutes les autres, qui s'estoient mises en leur haut appareil comme pour la conqueste d'vn nouueau Valentin. Les hommes, principalement les ieunes, n'y vont pas moins auantageusement couuerts, car ce iour là c'est vne monstre generale dont la premiere paye se fait sur le champ en douceurs & confitures. imaginez-vous si les mousches y volent de tous costez. Où allez-vous Perside? vous feriez bien mieux de vous tenir en voſtre meſnage, la ſolitude vous ſeroit plus vtile que l'embarras de tant de monde, où vous allez perdre ce qui vous deuroit eſtre plus cher que les yeux, l'amitié de voſtre mary. & où allez-vous vous meſme indiſcret mari & peu conſideré ? où trainez-vous ceſte innocente? helas! combien il eſt vray que tel va en compagnie qui n'en vient pas comme il y eſt allé. Fuyez, diſoit Seneque, les aſſemblées, vous n'en reuiendrez iamais meilleur, & touſiours pire. Tous les Aſtres qui y brillent y bruſlent, & leurs influences ne ſont que deſaſtres,

desastres, les personnes vaines y inspirent l'ambition, les des-honnestes l'impureté, les auaricieuses la conuoitise d'auoir; bref il est malaisé d'estre sain parmi tant de malades, & de ne prendre point de part à leurs deffauts en humant vn air si contagieux. ô qu'il dit bien ce grand Stoïque! Perside auant son Mariage auec Theophane, auoit esté l'obiect des desirs de beaucoup de poursuiuans, qui tous auoiét ardemment souhaitté la possession de beaucoup de graces d'esprit & de corps dôt la Nature l'auoit ornée. Mais ne pouuant estre qu'à vn, elle auoit tant faict par sa perseuerance qu'elle auoit faict auec beaucoup de peine consentir ses parens de la donner à Theophane, sur qui par ses yeux elle auoit ietté son cœur, bien qu'il fust de beaucoup inferieur en biens (seul blanc que regardent les Peres & les Meres qui ont des filles à pouruoir) à plusieurs autres qui pretendoient à son parti. Ceste preference iointe à l'extreme affection que ce jeune homme auoit pour elle, l'obligea tellement que quand elle fut à luy, ce fut lors qu'il fut plus à elle, car il ne voyoit que par ses yeux, & ne souffloit

floit que par son haleine, & les desirs de ceste chere espouse estoient la regle de ses volontez. Cependant il faut faire comme les autres, la coustume est vn torrent qui rauage toute la raison, & qui entraine apres soy les plus sages testes. Theophane se range auec les hommes pour tirer vne Valentine, & comme Perside estoit des plus remarquables en beauté, & d'vne qualité noble & releuée sur le vulgaire, son nom ne fut pas des derniers sur le Catalogue des plus desirées. Son nom par le Sort escheut en partage à vn ieune Gentilhomme que nous appellerons Diotrephe, qui estoit espris des perfections d'vne Damoiselle de bonne maison que nous appellerons Nemese, & par vne rencontre merueilleuse ceste Nemese arriua à Theophane, si bien que la Maistresse de Diotrephe fut Valentine de Theophane, & la femme de Theophane Valentine de Diotrephe: Ils se resiouyrent l'vn & l'autre de ceste auanture, car ils estoient bons amis, & si bons amis que s'ils eussent esté tous deux mariez comme il n'y en auoit qu'vn, ils se fussét fiez l'vn à l'autre de la garde de leurs femmes. Vous voyez comme

comme le Valentinage partage les esprits, qui en mariage ne peuuent estre assez vnis. helas! si l'Apostre appelle la femme mariée diuisée, qui a son mari à contenter, & à plaire à Dieu, que sera-ce d'vne femme mariée, qui aura à satisfaire aux caprices d'vn mari ombrageux & ialoux, & aux seruices & deuoirs que luy rend vn Valentin? Voici qui est encore plus delicat. vne fille à marier sera seruie par vn Amant qui la recherche pour l'espouser, & qui a pour elle des passions infinies, de quel œil ce poursuiuant pourra-t'il souffrir
qu'elle

qu'elle caresse vn Valentin? & bien que ses faueurs ne soient que des complimens que la ciuilité produit plu-stost que l'Amour, comment en pourra-t'il estre asseuré? qui luy fournira de l'eau de depart & de l'esprit de discer-nement, pour sçauoir de quel cœur sortent ces actions? qui le pourra exépter des frayeurs de se voir supplanté, & de la fiebure ardante & continuë de la Ialousie? ne tiendra-t'il pas aussi tost ce Valentin pour vn Riual, & pour vn homme qui sous vn pretexte de bien-seance vient trauerser ses pre-tensions, & luy desbaucher le

coura-

courage dont il recherche la bienueillance auec empreſſement ? Neantmoins la plus grande part de ces bons Sebuſiens Allobroges marchẽt auec tant de candeur en ceci, que le nombre de ceux qui entrent en ombrage de ces accointances eſt beaucoup moindre que de ceux qui ne s'en auiſent pas, ſoit que l'accouſtumance leur en oſte le ſoupçon, ſoit qu'ils ayent vne grande confiance de la prud'hommie les vns des autres, ſoit que la ſimplicité qui leur eſt naturelle, rẽde leurs eſprits moins penetrans, & en ſuitte moins deffians. Ce n'eſt pas qu'il qu'il n'en arriue assez ordinairement des mescontentemens & des desastres ; mais quoy ? la memoire en perit aussi tost auec le bruit, & quoy que l'on sçache dire, la feste de S. Valentin est tousiours en vne grande Vogue. La bienseance obligea nos nouueaux Valentins à offrir leurs seruices à la façon du païs à leurs Valentins, ceste coustume donnant vn si libre accez vers celles qui sont escheuës par Sort, qu'il n'y a ni Pere, ni Mere, ni mari, ni Tuteur, ni auctorité quelconque qui le puisse retrancher sans faire de grandes & capitales querelles.

querelles. Il en prend comme en Suisse, où c'est vn outrage qui se vange auec le sang, de ne rendre pas vn brinde à celuy qui vous porte vn caroux. Iusque là qu'vn Pere & vn mari tiendront à honneur de voir leur fille, & leur femme seruie par vn Valentin de bonne mine, à qui on la remet de bonne foy pour la mener aux sacrifices de Baal, ie veux dire aux bals & aux assemblées où l'on danse & où l'on fait bonne chere. Tout le reste du Carneual se passa en festins, en ballets & en passetemps, où Perside & Nemese se treuuoient ordinairement ensemble,

ensemble, y estant menées celle-là par Diotrephe, celle-ci par Théophane. Ces deuoirs mesmes passerent dans le Caresme, ces Valentins se rendans fort soigneux de mener leurs Valétines aux Eglises & aux sermons, & leur rendant des assiduitez qui procedoient de bonne foy, & d'vne courtoisie veritable & toute pleine d'honneur. Diotrephe ne parloit à Perside que du bonheur qu'elle auoit d'appartenir à vn si galand homme que celuy que le Ciel & son consentement luy auoient donné pour Espoux, souhaittant que Dieu luy dónast

naſt vn ſi heureux ſucces de ſes affections en l'acquiſition de Nemeſe, dont il eſleuoit la beauté comme vn homme qui en eſtoit touché au vif. Theophane de ſon coſté taſchoit de rendre à ſon ami dõt il auoit la Maiſtreſſe pour Valentine, tous les bons offices qu'il pouuoit, luy repreſentant les merites de ce Gentilhomme auec tant d'auantage, que le mettant comme vn Soleil deuant les yeux de ceſte fille qui luy vouloit deſia beaucoup de bien, elle en eſtoit toute esblouye. S'ils n'euſſent point faict pis que ceci, nous n'aurions pas pris la plume

plume pour tracer l'Histoire de leurs malheurs, qui sera encore plus noire de leurs desastres que de l'encre qui la marquera. Apres Pasques commence ordinairement le Printemps, qui est la ieunesse de l'an & la porte de tous les plaisirs.

*C'est alors que les fueillages*
 *Reuerdissent dans les bois,*
 *Que l'hiuer & ses orages*
 *S'escartent pour quelques mois,*
*Et que la neige & la glace*
*Font à la verdure place,*
*Et que le beau temps reluit,*
*Et Philomele asseurée*
*De la fureur de Therée,*
*Chăte aux forests iour & nuict.*
       *Alors*

# LIVRE I.

*Alors les fleurs qui bourgeonnent*
*Raieunissent les vergers,*
*Tous les Echos ne resonnent*
*Que de chansons de bergers,*
*Les ieux, les ris & la dance*
*Sont par tout en abondance;*
*Les delices ont leur tour,*
*La tristesse se retire,*
*Et personne ne souspire*
*S'il ne souspire d'Amour.*
*Les moissons dorent les plaines,*
*Le Ciel est tout de saphirs,*
*Le murmure des fontaines*
*S'accorde au bruit des Zephirs,*
*Les foudres & les tempestes*
*Ne grondēt plus sur nos testes:*
*Ni des vents seditieux*
*Les insolentes coleres*
*Ne poussent plus les galeres*
*Des abysmes dans les cieux.*

*Ces belles fleurs que Nature*
*Dans les campagnes produit,*
*Brillent parmi la verdure*
*Comme des Astres la nuict.*
*l'Aurore qui dans son ame*
*Ressent vne douce flame,*
*Laissant au lict endormi*
*Son vieux mari sec & pasle,*
*En ce temps est matinale*
*Pour aller voir son Ami.*

Ie me suis serui de ces belles paroles aussi fleurissantes que la saison mesme qu'elles depeignent, pour dire que ce fut en ce temps auquel par l'Amour toutes les choses naturelles semblent reprendre vne nouuelle vie, que par ceste aueugle passion nos Valentins

lentins courrôt à la mort. Car comme il est malaisé d'estre long temps deuant le Soleil sans se hasler, & auprès du feu sans en tirer de la chaleur, & dans la boutique d'vn parfumeur sans en rapporter de bonnes odeurs, il est beaucoup plus difficile de conuerser long temps auec des sujets capables de donner de la passion sans en prendre, ce sont des charbons que l'on ne peut approcher sans s'y brusler. qui aime le peril y perira, qui touche la poix en aura les mains souïllées, & qui ne destourne accortement son regard de dessus vn beau

D

visage, en sentira peu à peu grauer la forme sur son cœur. Dauid sçauant en ceci par sa propre cheute, disoit à ceste occasion à Dieu; Retirez mes yeux de la vanité, affin que ie viue en la voye de vostre grace, qui est la voye de la vraye vie. Nos Valentins vesquirent durant quelques Lunes auec autant d'innocence que d'honneur en la conuersation de leurs Valentines. merueille de l'accord de la voix du peuple auec celle de la Verité, tant qu'ils n'eurent aucun mauuais dessein en leur frequentation, ils furent sans soupçon, & en suitte fuitte fans mefdifance, mais dés qu'ils eurent peché en leurs cœurs, en regardant autrement qu'il ne falloit des fujets qu'ils ne pouuoient legitimement fouhaitter, leur lumiere fut changée en tenebres, leur fincerité en ombrages, & leurs actions efpiées & confiderées de pres, les mirent en proye aux murmures & aux temeraires iugemens. La frequentation affiduë, le foin d'agreer & de feruir, la veüe ordinaire de ces deux obiects, (car cefte femme & cefte fille auoient des beautez auffi dignes d'eftre gardées que regardées) les feruices empreſſez formerent petit à petit ceſte complaiſance, qui eſt à l'Amour ce que l'Aurore eſt au Soleil, ce que le Zephyr à l'Aurore. Theophane ayant allenti ſes deſirs par le pouuoir que le mariage luy donnoit ſur Perſide, n'en fait plus tant le joli, eſtimant que cela n'eſt pas decét à vn mari de faire l'empreſſé de ſa femme, il ſent reſueiller ſon cœur d'vn feu plus actif qu'il tire des yeux de Nemeſe, en vn mot ſon cœur eſt deſuoyé, ſon affection detraquée de ſon legitime chemin. Le Diable ſubtil à merueilles ſçait chaſſer deux proyes

proyes tout à la fois sans en perdre aucune, il a vne si grande alteration de la ruine des hommes, tant son enuie est enragée, qu'il croit deuoir aualer les fleuues entiers, & que le Iourdain, comme parle vn Profete, doiue couler par sa bouche. Il dressa vn si violent assault au cœur de Diotrephe par les graces de Perside qu'il y fit breche, & à mesure qu'il y graua les traicts de ceste face, il effaça peu à peu de sa memoire le souuenir de Nemese ; parce que deux grandes passions ne peuuent en mesme temps occuper vn esprit. Si les filles ont en leur innocence des attraicts gracieux, ceux des femmes sont plus puissans, d'autant que dans le commerce nuptial elles se rendent sçauantes des amorces, par lesquelles les hommes se prennent dans leurs filets & s'engagent à les aimer. Si Theophane aimoit la simplicité de Nemese, Diotrephe se consumoit pour l'accortise de Perside. O que c'est vn grád bourreau qu'vn iniuste desir! c'est vne engeance de vipere qui ne s'escloſt qu'auec de mortelles angoisses. L'vn & l'autre brusle de flammes illegitimes conceües dans vne societé

societé qui sembloit n'auoir rien que d'honneste, & porter sa iustification dans l'vsage commun; mais c'est vne mauuaise excuse pour le peché que la multitude de ceux qui le commettent. Tous deux changent leur premiere confiance en deffiance, & se contentent de couurir leur feu sous la cendre d'vn silence discret. D'amis ouuerts qu'ils estoient auparauant, & qui se manifestoient toutes leurs pensées, ils deuiennent ennemis couuerts, & plus ils se vouloient trahir, plus ils se faisoient bonne mine. Pour la plus claire intelligence de cet Euenement, il est besoin que ie die que Diotrephe estoit vn Gentilhomme d'ancienne Noblesse & de fort bonne race, mais qui n'estoit pas trop accommodé des biens de fortune. Il auoit des Seigneuries, mais de petit reuenu, de belles maisons, mais petite cuisine. Ses predecesseurs qui auoient du courage pour seruir leur Prince dans les armes, y auoient employé non seulement leur sang, mais s'estoient fort engagez pour y paroistre selon le rang de leur naissance. Il auoit succedé à leur

gene

generosité, & à leurs debtes comme à leurs biens. La magnificence qui luy estoit naturelle, luy faisoit adiouster au mauuais mesnage de ses Ancestres le sien propre, si bien que les interests (chancres des meilleures familles) mangeoient la plus grande part de ses rentes hypothequées deçà & delà, selon les desseins que ses creanciers auoient sur ses fonds. C'est vne grande maladie que d'estre pauure & glorieux, vn roturier supporte mieux les necessitez qu'vn Gentilhomme, qui est en quelque façon obligé de paroistre & de soustenir l'esclat de son origine, ou de quitter le Monde s'il n'y veut estre en opprobre. Les riches mariages releuent quelquefois la decadence de ces maisons qui prennét coup à leur ruine, mais ils ont de la peine à les rencontrer, car il se treuue peu de Peres qui vueillent auoir des Gendres endebtez, principalement des Gentilshommes, qui ne sçauent aucun mestier pour amasser, & qui en ont vn admirable pour faire de la despense. Le lierre & la vigne qui ont les rameaux debiles, cherchent tousiours quelque appuy, mais il arriue souuent que

que la muraille accable le lierre quand elle l'a souftenu quelque temps, & que la treille par fa cheute fracaffe les pampres. C'eft vne dangereufe affociation que celle d'vn Renard. Les vfuriers font comme les plumes de l'Aigle qui rongent les autres. Les Ligutiens qui viuent fur des rochers & des efcueils, font tenus pour les plus fubtils au trafic de l'argent de tous les peuples non de l'Italie feulement, mais de l'Europe, ils tireroient du miel d'vne pierre, & de l'huile d'vn caillou. Il y en auoit vn alors à Brianche, que nous appellerons Callicrate, cettuy-ci estoit vn Partisan qui tenoit des fermes publiques, & qui faisoit valoir son talent à merueilles par la subtilité de son esprit. Diotrephe fait auec luy vne amitié fort estroitte (s'il s'en peut faire quelqu'vne entre vn Ligurien fin & ruzé, & vn Sebusien franc & à la bonne foy.) De vous dire que le besoin qu'il auoit que cettuy-ci l'assistast d'argent en la despense qu'il vouloit faire à la recherche de Nemese, luy fit rechercher cet estranger, il n'est point de besoin. Le Ligurien auec ses yeux de Lynx penetrant aussi tost dans les biens

biens & les debtes de ce Gentilhomme, commença à faire des desseins dessus, & l'engage peu à peu dans ses filets, en la façon que les aragnées attirent les mousches dans leurs toiles. Diotrephe affriandé de ceste aide, fait comme le poisson qui auale l'hameçon qui luy doit deschirer les entrailles, pensant se gorger de l'appast qui le couure. Nemese estoit vn parti assez auátageux, il croyoit que cela le releueroit de toutes ses debtes, & qu'estant nettoyées il viuroit auec elle autant à son aise qu'il en estoit passionné. Callicrate estoit vn homme
de

de moyen âge, non marié, de mauuaise mine, apres tout vn Italien, & d'vn païs où les plus fins se raffinent. comme il auoit besoin d'appuy à Brianche, & en la Sebusie à cause des partis qu'il auoit entrepris, il se donnoit acces dans les meilleures maisons, & parmi les compagnies en toutes les façons dont il se pouuoit auiser. Mais où n'auroit entrée vn Asne d'or? ceux qui ont la clef dorée ont vn passe-par-tout general, toutes les portes s'ouurent aux rayós de ce metal, comme les fleurs s'espanoüissent à ceux du Soleil. Sous l'aueu de Diotrephe il

il fut bien venu chez Nemese, & bien receu par les parens
de ceste fille. Il n'y alloit au
commencement que pour y
accompagner son Ami, mais
il n'eut pas plustost aresté sa
veüe sur ceste fille qu'il en deuint espris, mais espris à l'Italienne, auec tant de dissimulation qu'au milieu de ses
chaisnes il faisoit paroistre
vne pleine liberté, & bien
qu'il la deuorast des yeux, il
feignoit de ne la regarder
que comme vne chose indifferente. La crainte qu'il auoit
de l'espée de Diotrephe, s'il
s'apperceuoit qu'il fust son
Riual, le retenoit, sçachant
bien

bien que de tous les partis qu'il tenoit, il n'en auroit point de pire que celuy que luy feroit ce Gentilhomme. Voici donc vn embarras de passions en ces trois hommes le plus estrange qui se puisse conceuoir, ils aiment tous, tous souffrent en aimant, & n'osent le dire ni à leurs amis, ni à celles qu'ils aiment, & ceste flamme redoublant sa force estant resserrée, leur faisoit sentir des tourmens qui ne se peuuét exprimer. Theophane estoit homme d'esprit & d'estude, & bien qu'il vesquist alors de ses reuenus, il estoit en termes de se pouruoir

uoir de quelque office de Iudicature, pour exercer son sçauoir, & occuper sa vie à cet honnorable exercice qui sacrifie des sacrifices de Iustice. il cherissoit outre son Astrée, ie veux dire la science des loix, le chœur des Muses, & rencontroit assez heureusement en la Poësie Françoise pour vn Sebusien, & en la Latine il estoit excellent. Diotrephe auoit de bonne heure quitté les lettres, pour s'addonner aux exercices d'vn Cheualier, il estoit bien à cheual, manioit les armes auec addresse, chantoit bien, & touchoit le luth assez bien, dansoit

dansoit à la perfection, & causoit à merueilles. Le Ligurien racloit vne guiterre à l'Italienne, & sçauoit quelques airs à leur mode plustost beellante que Musicale ; mais en recompense il auoit la Cigale d'or, qui supplea au deffaut de la corde de cet ancien harpeur, & luy fit emporter le prix aux ieux Isthmiques. Ie remarque ceci, non seulemét parce que la Musique est vn des principaux attraicts de l'Amour, mais parce qu'elle fut cause de plusieurs mauuaises rencontres que nous auons à rapporter. Voyons donc vn peu de quelle façon
ces

ces Amans dreſſent leurs batteries, ou pluſtoſt comment ils font leurs mines & contre-mines. Nous auons dit que Theophane & Diotrephe eſtoient amis; mais cettuy-ci ayant formé de mauuais deſſeins ſur la femme de l'autre, & iugeant que pour l'abborder plus facilement, il falloit qu'il ſe miſt bien auant aux bonnes graces du mari, comme il auoit l'eſprit accort, luy rendoit des deuoirs, & luy teſmoignoit des affections incroyables. Theophane qui les tenoit à beaucoup d'honneur, le preuenant de diuerſes courtoiſies, pour luy ſiller les

les yeux & l'empefcher de s'apperceuoir de l'inclination qu'il auoit pour Nemefe, le payoit en femblable monnoye. Ne vous femble-t'il pas de voir ioüer enfemble deux fubtils Pipeurs? Pifo feignoit autrefois de dormir lors que Mecenas le fauori de Cæfar careffoit fa femme. Theophane en fait ainfi à Diotrephe, & Diotrephe ferme les yeux fur les deportemens de Theophane auprès de Nemefe. Il n'y auoit que Callicrate qui s'eftoit rendu familier de tous les deux, lequel iugeoit vn peu mieux des coups, mais il ne voyoit pas encore trop clair

clair parmi ces ombres. C'estoit vn Italien dont l'Amour estoit inseparable de la jalousie, il auoit peur que Diotrephe n'en prist pour soy, s'il venoit à connoistre qu'il eust de l'inclination pour Nemese: mais il commença à entrer en ceruelle, quand il vid que sous couleur de Valentinage Theophane commençoit à en faire extraordinairement le gentil, iugeant bien à son émotion, à ses regards & à sa contenance, qu'il n'estoit pas sans alteration & sans fieure. Pour escarter ce nouueau Riual par l'ancien, il en donna quelque auis à Diotrephe, luy
faisant

faisant remarquer des actions qui luy eussent donné le martel, si ses affections eussent esté toutes reünies en ce sujet; mais estant diverties ailleurs, tant s'en faut qu'il en conceust de la jalousie, qu'au rebours il en prit occasion de rechercher Perside avec plus de hardiesse, estát bien aise de rédre ce cháge à Theophane. Le voila donc qui fait le bon Valentin autour de sa Valentine, laquelle ignorante de la malice de sa pensée, voyant le grand estat que faisoit son mari de l'amitié de ce Gentilhomme, luy rend de reciproques tesmoignages de bien-
ueillan

ueillance, pensant en cela obliger son mari. joint que se voyant honorée de Diotrephe auec des soumissions fort respectueuses, elle eust esté sans sentiment si elle n'en eust point eu de ressentiment. Ces estincelles bien qu'elles sortissent auec indifference du cœur de Perside, qui n'auoit point d'autre Idée que celle de son Espoux, ne laissoient pas d'exciter de grands embrasemens dans l'ame de Diotrephe, & d'y faire naistre des esperances qui n'estoient pas petites. Ces foibles commendemens luy promettent, s'il perseuere, de voir reüssir
ses

ses malheureux desirs. Tout son soin est de faire connoistre à ceste femme la grande passion qu'il a pour elle, & de telle sorte que Theophane ne s'en puisse apperceuoir. Il void bien qu'il n'est pas d'humeur ialouse, mais il est marié, & a vne femme, de laquelle quád la beauté ne meriteroit point d'estre soigneusement gardée, son propre honneur l'oblige à la tenir en deuoir. Si vne fois il a le sentiment de sa trame, tout est rōpu, adieu amitié, adieu familiarité. Et bien qu'il se peust excuser en recriminant, & accuser Theophane d'vne pareille perfidie, ce ne seroit pas guerir só mal, mais l'empirer, & l'empirer iusques à le rendre incurable. D'autre part de se tenir dans le silence, & languir en se taisant aupres de l'obiect de sa douleur, sans l'alleger d'vne seule parole,& sans la descouurir à celle qui la cause, c'est ce qu'il ne peut gaigner sur soy. Il est tous les iours aupres d'elle, toutes les nuicts il bastit de belles harangues, qui s'esuanoüissent en sa bouche quand il est sur le point de parler. Il cherche des inuentions & des subtilitez pour se declarer, & quand l'occasion s'en presente le courage luy

E

manque. C'est ce qui luy donne des conuulsions d'esprit qui ne se peuuent comprendre. Et à n'en point mentir, l'absence est encore plus supportable aux Amans, quelques rigueurs qu'on luy attribue, que n'est la presence de l'obiect aimé, quand il n'est pas permis de luy faire sçauoir le mal que l'on endure à son occasion. Parce que le sens esmeu par ceste proximité, redouble l'eslancement du desir dont le cœur est becqueté, comme celuy de Promethee par le vautour du Caucase. C'est vn supplice de Tantale, & mourir de soif au milieu

milieu des eaux. Pour aller au deuant des soupçons, il compose ses discours, ses yeux & ses gestes auec plus d'attention deuant Theophane qu'il ne faisoit auparauant qu'il eust vn mauuais dessein, & lors qu'il est plus insensé, c'est quand il fait monstre d'vne contenance plus sage; Perside mesme le tient pour trop retenu pour vn Valentin, & trop discret & reserué pour son âge. Il deuient plus sombre & melancholique, il est plus resueur & consideré qu'auparauant, & voulant monstrer de la naïueté en sa conduitte, c'est lors qu'il em-

ploye plus d'artifice à regler ses actions. Mais tandis qu'il se cache ainsi à Theophane, & luy desrobe la connoissance de sa passion, il la rend beaucoup moins connoissable à Perside, & c'est ce qui le tuë; car il ne peut treuuer le secret de ces tableaux à deux prospectiues, qui font voir vne chose d'vn biais, & vne autre de l'autre, ni rendre visible à la femme, ce qu'il veut estre inuisible au mari. Theophane n'vsoit pas de moins de souppleßes autour de Nemese, laquelle ne se fust iamais doutée qu'vn homme nouuellement marié, & à
vne

vne femme si belle, si long temps recherchée, si ardamment desirée, si heureusement acquise, eust eu des yeux pour elle; & puis elle estoit si fort attachée à Diotrephe, que tous les seruices & les assiduitez de Theophane n'eussent pas esté capables de la destourner de son affection. Ils s'entreuoyent tous les iours; les matins aux Eglises, sur le iour dans les maisons, & le soir aux Iardins, & principalement en vn pré fort agreable enuironné d'arbres ombrageux, & arrosé de claires eaux, qui sert de promenoir public à Brianche, & qui tire son nõ du Vert naissant, à cause de la perpetuelle verdure qui l'embellit, & qui semble y renaistre à toute heure. Le temps se passe de ceste sorte, ces Amans se consument, ils ont assez d'occasions de parler; mais ils ne les peuuent prendre aux cheueux, parce que la crainte & le respect leur lient la langue, si bien qu'ils seichent sur pied comme des plantes sans eau, en la mesme façõ que le cresson se flestrit au creux d'vne fontaine quand la pluye luy manque; & bien qu'ils essayét de desguiser leur tristesse sous vne ioye dissimulée, si ne peuuentuent-ils si bien faire, que leurs visages abbattus ne facét voir qu'ils ont en leurs ames quelque chose qui les tourmente. Les Valentines sont les seules qui ne s'en auisent point, & bien qu'elles voyét assez l'alteration de leur teinct, & la langueur qui les rend mornes, il n'y a rien qu'elles ne s'imaginassent plustost que la verité d'où ce changement procedoit. Theophane ne pouuant esclorre ses pensées aux oreilles de Nemese, s'en deschargea sur vn papier par des vers, ausquels Diotrephe donna vn air qu'il recita tantost deuant Perside, tantost

E 4

deuant Nemese. Ils estoient tels.

## STANCES.

### Aimer & se taire.

Souuent à part moy ie souspire
Sentant la rigueur de vos coups,
C'est vous qui causez mon martyre,
Encor ay-ie peur de le dire
Lors que ie suis aupres de vous.
Lors qu'en vous mon cœur se transporte,
Le respect gouuerne mes sens,
Et me voyant en telle sorte,
Ma langue n'est pas assez forte
Pour dire le mal que ie sens.

Mais

Mais vostre esprit peut bien com-
prendre,
Et vostre œil peut aisément
voir
Où mon desir se veut estendre,
Ainsi muët ie fais entendre
Les effects de vostre pouuoir.
Auant que mon ame asseruie
Allast en vos yeux s'enflāmer,
Ie parlois selon mon enuie,
Mais or ie contente ma vie
De me taire, & de bien aimer.

Ie vous prie de remarquer diuerses causes d'vn mesme effect, & comme diuers tons d'vne voix semblable. Theophane auoit faict ceste Poësie, affin que Diotrephe la recitant deuant Nemese, ceste fille venant à sçauoir qu'elle estoit de sa façon, iugeast par là ce qu'il souffroit pour elle; car ces paroles ne pouuoient conuenir à Diotrephe, qui auoit assez declaré à ceste fille quelles estoient ses passions. Mais quand il les chantoit deuant Perside, c'estoit d'vn accent & d'vne façon si passionnée & si esmeüe, que si elle n'eust esté tout à faict possedée de la legitime affection qu'elle auoit pour son mari, elle eust bien reconnu de quel sentiment les proferoit ce Chantre. Callicrate les oyant reciter chez Nemese, luy disoit tandis que Diotrephe

trephe pinçoit son Luth, combien de gens vous honnorent sans vous l'oser dire? n'estes vous pas estrange d'estoufer tant d'esperances en faisant naistre tant de desirs, comme si vne si belle cause n'auoit pas la bienueillance pour vn effect necessaire? Theophane qui entroyoit ce discours, pensoit que Callicrate plaidast sa cause sans qu'il luy en eust donné commission ; mais les Liguriens n'ont pas le bruit d'estre si officieux que de penser aux affaires d'autruy plustost qu'aux leurs propres, ils sont trop attachez à leurs inte-

rests. Lors que par des demi-mots & des paroles à double intelligéce Theophane vouloit faire entendre à sa Valentine, combien elle auoit de merite pour obliger à l'aimer vn homme faict comme luy, aussi tost elle le renuoyoit à sa femme, comme celuy de qui les vœux estoient dediez à vn autre lieu. Et lors que Diotrephe faisoit le joli aupres de Perside, & par les loüanges de sa beauté la vouloit faire tomber dans ses pieges, comme l'oyseleur attire les oysillons dans ses fillets par ses appeaux, elle bouchoit ainsi que l'Aspic ses oreilles
aux

aux cajolleries de cet enchanteur, le priant de reseruer ses cajolleries pour Nemese, qu'elle n'ignoroit pas qu'il recherchoit. voila comme nos poursuiuans estoient honnestement & sans qu'ils peussent repliquer, forclos de leurs pretensions. Sur ce sujet qui leur estoit commun, & que Theophane estimoit luy estre particulier, il fit tels vers.

## STANCES.

### Contre l'Incredulité.

*Há! que mon ame est insensée,*
*De n'auoir point d'autre*
*pensée*

*Que*

Que de cherir vostre beauté,
Puis qu'il n'est pas en la puissāce
De ma fidelle obeyssance,
De gaigner vn seul point sur
vostre volonté.
Pourquoy l'Amour que ie vous
porte
N'oblige point estant si forte,
Vostre ame à me vouloir du
bien?
Pensez-vous que soit peu de
gloire
D'auoir remporté la victoire
D'vn esprit genereux & faict
comme le mien?
Ou bien pensez-vous que mes
plaintes
Ne soient que des paroles fein-
tes,

Qui se pratiquent à la Cour,
Et qu'en vous offrant mon ser-
uice,
Ie sois plus rempli d'artifice
Que ie ne suis rempli de Con-
stance & d'Amour?
De m'accuser que ie souspire
Sous le ioug de quelqu'autre
Empire,
C'est auoir perdu la raison,
Est-il rien de plus desirable,
Quoy qu'on y viue miserable,
Que d'estre renfermé dedans
vostre prison?
Que le Ciel d'vn coup de tempeste
Face plusieurs parts de ma teste,
Si vostre obiect n'est mon vain-
queur,
Et si iamais ie fais hommage
Qu'aux

*Qu'aux viuans traicts de vo-
stre image,
Qu'Amour de sa main propre
a graué dans mon cœur.*

Diotrephe qui vid en ces paroles le vif portraict de sa peine, les chanta deuant Perside, qui les entendit en la façon qu'il desiroit aussi peu que les premieres ; il les recita deuant Nemese, qui les comprenoit aussi peu qu'vne Enigme, aussi crût-elle qu'il ne les disoit que pour l'air. Callicrate faisoit comme celuy qui se noye, & se préd à tout ce qu'il rencontre, faisant fleche de tous bois il disoit à Nemese,
il

il n'appartiét qu'à vous d'estre aueugle en vos propres merites, & de faire la sourde oreille aux protestations que l'on fait de vous honnorer vniquement, & seruir auecque fidelité; mais quoy? c'est l'ordinaire imperfection des plus accomplies d'estre desdaigneuses. vous ne voulez croire ni les sermens de vostre Seruiteur, quand il vous iure des eternelles affections, ni mesmes les vœux si ardans que vous offre vostre Valentin, vous ressemblez à la chastaigne, on ne sçait par où vous abborder, tant vous estes aspre & intraittable de toutes

toutes parts. Nemese se rioit des discours de cet estranger, sçachant bien qu'elle n'estoit pas telle pour Diotrephe qu'il la depeignoit, ne sçachant pas que par ce mot de vostre Seruiteur il s'entendist luy-mesme.

# DIOTREPHE,
## LIVRE SECOND.

N ce temps-là il passa vn homme incónu par Brianche, qui s'y arresta quelques iours; car ceste ville a des douceurs si charmantes en ses conuersations qui y sont fort libres, que l'on peut dire d'elle ce que du païs de Chanaam, ceste terre deuore ses habitans. Il auoit vne grande suitte, de beaux cheuaux, des habits

bits superbes & pompeux, & faisoit voir des pistoles à poignées. Ils n'eut pas plustost gousté l'air de ceste contrée, veu la facilité des mœurs de ces bonnes gens, & halené leur simplicité, qu'il s'y treuua comme le poisson en l'eau dans son element. Sa mine assez bonne & fort asseurée, sa suitte, & sur tout la grande despense qu'il faisoit (seul Nort que regarde le Monde) luy donnerent facilement l'entrée aux meilleures compagnies ; il n'eut pas plustost veu Nemese qu'il en deuint esperdu. Il se disoit estre de grande maison, qu'il alloit en Italie

Italie pour des affaires importantes, & comme c'estoit vn insigne affronteur, il nommoit sa famille, ses alliances, son païs, ses Seigneuries, ses parens, ses reuenus, auec tant d'effronterie & de vray-semblance qu'il n'y auoit celuy qui ne luy eust presté sa creáce. Il s'approcha de Nemese, à laquelle il fit des offres de seruice d'vn autre air que ne portent les ordinaires ciuilitez, il se dit pris par les yeux, il fait le passionné, il parle de mariage, dit qu'il est veuf & sans enfans, qu'il a dequoy mettre vne femme à vn haut degré d'honneur & de commoditez.

moditez. Les parens ouurent les oreilles à ses discours, s'imaginent desia comme ceux de Psyché de faire de leur fille vne Deesse par ceste alliance, car il se disoit toucher de parentage les plus grands de la France. La Vanité emporte Nemese, elle ouure à ces folles esperances fondées sur de foibles apparences, les voiles de ses desirs, luy fait bon visage, mesprise Diotrephe; pour Callicrate elle n'en auoit iamais faict estat non plus que de Theophane, ses yeux & ses faueurs ne sont plus que pour Lycophron, (appellons ainsi cet affroteur)
elle

elle l'engage autant qu'elle peut en paroles par le conseil de ses parens, qui pensoient que ce fust la bonne fortune de leur fille. A la fin le fard & le masque tomberent de la face de ce personnage, ses cheuaux se vendirent peu à peu, ses gens s'escouloient file à file, comme les mousches s'escartent d'vne cuisine froide, il treuua peu à iouër & beaucoup à despenser, c'estoit vn de ces Pipeurs qui courent le païs, qui hantent les brelans, & qui volent en iouänt auec subtilité, en vne nuict ils sont tous couuerts de pistoles, en vn iour les voila à l'hospital.

l'hospital. Apres auoir paru quelque temps, il eclipsa comme vn Comete, ou comme ces estoiles que l'on reconnoit fausses à leur cheute, toute la Ville en parla, Nemese en fut la risée, ses parens mocquez, ceste recherche la fable des compagnies. Diotrephe en fit l'indigné, & luy témoigna par ses froideurs des mescontentemens, Theophane qui en auoit eu l'alarme bien chaude aussi bien que Callicrate, sans l'oser faire paroistre, voyant ce succes prit occasion de faire ce

SON

## SONNET.
### Contre vn Pipeur.

MAis comme peut-il faire? on void bien qu'il n'a rien,
Qu'il n'a point d'exercice, & ne fait point d'affaire,
Et s'il ne laisse pas de faire bonne chere,
Et de paroistre ainsi qu'vn homme de moyen.
Et qui plus est encor, on sçait assez combien
D'importuns creanciers pour comble de misere
Le tiennent obligé corps & biens par Notaire,
Et du partir de là son mesnage va bien.

*Il faut que quelque iour ie l'abborde, & le prie*
*De me vouloir monstrer ceste belle industrie*
*De paroistre sans charge & sans commodité.*
*Mon Ami te voyla en une peine extreme,*
*Si tu es si ialoux de sa prosperité,*
*Deuiens Pipeur au jeu, & tu seras de mesme.*

Cet orage passé, qui ne dura pas plus d'vne Lune, selon qu'il est escrit, le fol change comme la Lune, nos Valentins reprennent leur premier train. Les Amans ressemblent à ces anciennes Lamies, ils
font

sont aueugles chez eux & clairuoyans chez les autres. Theophane (selon la coustume des maris,) plus soigneux de la conscience de sa femme que de la sienne, s'apperceut que Diotrephe n'estant plus si empressé de Nemese qu'il l'auoit veu autrefois, il le deuenoit vn peu plus pour Perfide que ne le permettoit la qualité de simple Valentin. bien qu'il pensast à conquerir Nemese, si ne vouloit-il pas perde son honneur attaché à la fidelité de sa partie, le voyla qui espie leurs actiõs & entre en deffiance. Quant à Diotrephe, il auoit esté auerti par Callicrate des inclinations de Theophane pour Nemese, dequoy il s'estoit peu esmeu, taschant au contraire de l'obliger en ceste passion, affin que sa maison luy fust plus ouuerte. Que fit le Ligurien? ne pouuant comprendre (Italien qu'il estoit) que Diotrephe n'aimast ailleurs, puis qu'il auoit si peu de jalousie pour Nemese, il crût au commencement que c'estoit la bonne chere qu'elle auoit faict à Lycophron qui l'en eust degousté; mais allant auec luy chez Theophane, & ayant attentiuement estudié ses mouuemens & ses contenances,

nances, les changemens de son visage, & le tremblement de sa parole quand il parloit à ceste femme, auec les autres fumées qui monstrent quand il y a du feu dans vne poitrine, il reconnut asseurément que le pouls luy battoit de ce costé-là, dequoy il ne manqua pas d'auertir Nemese, affin de desloger Diotrephe de l'esprit de ceste fille, deuant que de luy declarer l'affection qu'il luy portoit. Il fit tomber les escailles des yeux de Nemese, laquelle auisant soigneusement aux refroidissemens de son Amant, elle connut qu'ils ne prouenoient pas tant de la legereté qu'elle auoit témoignée en escoutât les cajolleries de Lycophron, que de la nouuelle passion qu'il auoit pour Perside; ce qui luy fut aisé à remarquer aux actions & aux regards de ce Gentilhomme, lors qu'ils estoient aux Iardins ou aux promenoirs tous ensemble. Ie ne veux point rapporter ici les piccoteries qui sortirêt de ceste langue affilée comme vne lancette, par où elle monstroit son mescontentement. Callicrate non content de ce mauuais office qu'il auoit rendu à Diotrepho, pour le debusquer tout à faict, ne voulut

voulut plus luy prester d'argent pour paroistre, affin d'acheuer de ruiner sa recherche; aussi eust-il esté bien peu auisé pour vn homme de son païs, de fournir des armes contre soy-mesme à celuy qui ne pouuoit estre son Ami & son Riual, au contraire feignant qu'il estoit pressé de fournir vne grande somme au Prince à cause de quelque parti, il demanda en vn coup ce qu'il auoit presté à diuerses fois à Diotrephe, lequel n'auoit pas le premier escu pour s'acquiter. Il n'y a rien qui descrie tant vn homme qui est en termes de se ma-

rier, que de luy voir des Sergens pour Pages, eust-il le plus beau bien du monde, on dit que tout ce qui reluit n'est pas or, que ses debtes passent son vaillant, il ne faut qu'vn petit nuage pour nous desrober la veüe du Soleil qui est si grand. Pour cela Callicrate ne rompt point en apparence son amitié auec Diotrephe, luy protestant que s'il n'estoit pressé par le Prince il le laisseroit en paix. Diotrephe le prie, le coniure, d'auoir patience, Callicrate se fait tenir, & bien qu'il tourmente ce Gentilhomme, ce pauure debteur se dit son Esclaue, à
la

la façon de ces Peres qui foüettent leurs enfans, & puis se font remercier de leur correction. Diotrephe qui auoit donné la mousche à Theophane, se plaignant à luy comme à son Ami des poursuittes de Callicrate, receut pour toute consolation ce conseil d'imiter le Castor qui se sauue par son retranchement, ou ceux qui taillent vn bras ou vne iambe quand la gangrene s'y met, aussi de vendre quelques vns de ses fonds, auant que les interests mangeassent tout son bien. Mais vn Mariage m'acquitera, disoit Diotrephe. Ne vous y fiez pas, repliquoit Theophane, peut-estre qu'il vous acheuera de ruiner, vous n'estes pas encore où vous pretendez. Et disoit-il ceci à double sens, sçachant l'inclination qu'il auoit pour Perside, & le peu de volonté qu'auoient les parens de Nemese de luy donner leur fille, comme s'il luy eust dit, qui chasse deux lieures n'en prend aucun. Et parce qu'il auoit la veine vn peu Satyrique, il fit vn iour au nom de Diotrephe ce

SON

# LIVRE II.

## SONNET.

### Contre la Pauureté.

Q*V'vn homme pauure helas!*
 *est imperfait,*
*Il est honteux, ignorant, & ti-*
 *mide,*
*Muet, & sourd, insensible, stu-*
 *pide,*
*Sale, vilain, cotagieux, infect;*
*Il est songeard, triste, pasle, &*
 *deffaict,*
*Et qui pis est, maschant sou-*
 *uent à vuide,*
*Au demeurant tenu pour vn*
 *perfide,*
*Fust-il dedans la Vertu tout*
 *à faict.*

*Aussi n'est-il recherché de persöne,*
*Chacun le fuit, le quitte, & l'a-*
*bandonne,*
*(S'il n'est par fois visité d'un*
*Sergent,*
*Qui le console au fort de ses sup-*
*plices)*
*Helas! iamais n'auray-ie de*
*l'argent,*
*Pour n'auoir plus tant de sortes*
*de vices?*

En fin ce feu puant qui couuoit dans les poitrines de Diotrephe & Theophane, exhala sa fumée, & par sa fumée fit paroistre sa noirceur, tous deux se declarent à leurs Valentines pour autres que ces Valentins honnorables pour

pour qui elles les auoient tenus auparauant. Perside s'offensa cruellement de l'effronterie de Diotrephe, & Nemese ne se despita pas moins contre l'outrecuidance de Theophane. ils furent renuoyez tous deux auec beaucoup de rudesse & de seuerité. Mais ces coleres ne les rebuttent point, au contraire ils en deuiennent plus aspres, à la façon d'vne forge dont l'ardeur s'augmente par l'eau que l'on iette dessus les charbons. Ils se persuadent que c'est la coustume generale des femmes de rejetter au commencement ce qu'elles reçoiuent

uent à la fin, & que le bon accueil est à la suitte des menaces. Perside voyant que les siennes n'auoient point faict escarter les importunitez de Diotrephe, proteste s'il continuë qu'elle en auertira son mari, affin qu'il luy deffende l'entrée de sa maison, comme elle luy deffendoit de luy tenir iamais de semblable langage. A quoy Diotrephe chargeant ses yeux de larmes de Crocodille, qui ne pleure que quand il veut deuorer, & d'vn ton de voix si pitoyable qu'il eust attendri des rochers; Il n'y a point de doute, repartit-il, que ie cheris l'affection

fection de Theophane autant que d'homme qui viue: mais les prerogatiues qu'a l'Amour sur l'Amitié, sont telles, & l'auantage de vostre beauté est vn charme si puissant, que si ie ne puis resister à la violence de ceste douceur, il vous en faut plustost accuser qui en estes la cause, que moy qui en ressens les effects ineuitables. Que me peut-on reprocher si i'aime ce qui est aimable ? si c'est vn crime contre les loix, que l'on m'en punisse de bonne heure, puisque ie ne m'en puis repentir. & là dessus pour dissiper la iuste colere qui saisissoit Perside,

side, & luy enflammoit desia le visage, il se mit à chanter ces paroles.

*Las! quelle rigueur vous convie*
*A me vouloir oster la vie,*
*Puisqu'en vous aimant jus-*
*qu'ici*
*Ie ne vous ay fait que seruice?*
*Que si vous aimer est un*
*vice,*
*Estre aimable l'est donc aussi.*

Nemese de son costé menaça Theophane de dire à ses parens, que sous couleur de Valentinage il estoit vn Dragon qui vouloit deuorer son honnesteté. Mais toutes deux n'eurent pas assez de courage pour pratiquer ce remede,
qui

qui est aussi souuerain en ce mal de la mauuaise Amour que le fer & le feu aux gangrenes. dés que les femmes & les filles s'apperçoiuent qu'on les recherche auec vn sinistre dessein, elles deuroiét y auoir recours, sans attendre que ces venimeuses aragnées eussent embarrassé leurs cœurs des filets de leurs malheureuses inuentions. Mais quand elles ont vne fois donné la liberté à ces meschans de leur declarer leurs intentions, se faut-il estonner s'ils continuét leurs poursuittes iusques à leur totale ruine ? Si Theophane s'estoit apperceu des muguetteries

teries de Diotrephe autour de sa femme, Perside n'eut pas les yeux sillez sur celles que son mari pratiquoit autour de Nemese. elle luy en fit des reproches couuertes, qui eurent de Theophane des reparties semblables; car cet hôme auoit le discours mordant. ils en vindrent iusques à se piccoter l'vn l'autre sur leur reciproque Valétinage, c'estoit bien assez à qui auoit des oreilles pour ouïr. Perside qui se sentoit innocente, entra en vne extreme colere de voir que son propre mari donnast de telles attacques à son honnour, ce qui l'anima d'vn tel despit,

despit, qu'au lieu de rejetter bien loin celuy qui estoit la pierre de ce scandale, elle se mit à faire de feintes caresses à Diotrephe, que cet Amant & le mari crûrent estre veritables. Nemese animée de trois furieux demons, l'Amour, la Ialousie & la Vengeance, voyant que parmi les compagnies où elle se treuuoit auecque Perside, Diotrephe auoit tousiours les yeux sur celle-ci, & n'auoit que des froideurs pour elle, se voyant d'autre part cajollée par Theophane, ne manqua pas comme fille jalouse de dire à ce mari qu'il feroit mieux de prendre

prendre garde à sa femme, que de tenter vne fortune en laquelle il ne reüssiroit iamais. Cela fascha fort Theophane, qui se vid en mesme temps deux déplaisirs en l'ame, dont vn seul eust esté capable de la rauager. l'vn du rebut de celle qu'il aimoit, l'autre, qu'elle se fust apperceüe de l'intelligence qui paroissoit entre sa femme & Diotrephe. La colere luy persuadoit de rópre tout à faict auec ce Gentilhomme, & de luy deffendre l'abbord de Perside, & l'entrée en sa maison. Mais ce qui luy restoit de prudence dans vn si grand trouble,

trouble, lui dicta qu'il valloit mieux descoudre que deschirer ceste amitié, qu'il ne falloit pas iuger temerairement sur de foibles coniectures, ni condamner si promptement sa femme comme criminelle sur des ombrages. Que fait-il? il crût que l'absence jetteroit aisément de l'eau pour esteindre ces estincelles qui menaçoient son honneur & sa reputation d'vn prochain embrasement. il sçauoit que la terre esteint le feu de l'Amour, comme iadis celuy de la Chimere. Il veut separer ceste accointance de quelque espace de temps, de quelque
inter

interualle de lieux. Il prend sujet de la belle saison (en laquelle la campagne fait honte aux villes, lors qu'elle descouure les ornemés que l'hyuer cachoit au sein de la terre) pour faire essor aux champs; il meine sa femme proche de Tiermont, ville principale de la vallée de Tarante, en vne maison qu'il auoit en vn lieu qui tire son nom de la blancheur de ses eaux, où apres l'auoir mise en train d'y faire quelque mesnage, il reuint à Brianche, feignant d'y auoir des affaires pressées, bien que la plus pressante fust celle de ceste iniuste passion qu'il auoit

auoit conceüe pour sa Valentine. Tandis qu'il estoit esloigné de Nemese, sa Muse luy dicta ces.

## REGRETS.

*DE tous les déplaisirs qui trauaillent un cœur,*
*De qui l'affection accable de langueur*
*Le genereux courage,*
*Il ne s'en treuue point qui soit si rigoureux*
*Que de ne voir l'obiect dont estant desireux*
*Il a tousiours l'image.*
*Mesme quand le sujet dont il se void espris,*

Soumet

Soumet par ses appas les plus rares esprits
 A son obeyssance.
Car le soupçon du change augmente son ennui,
Et le force à penser qu'un plus heureux que luy
 Le tient en sa puissance.
Depuis que dans ce lieu i'accuse le malheur,
Où ie suis trauaillé de l'extreme douleur
 D'vne absēce inhumaine,
Ie meurs pour ne voir pas cet obiect honnoré,
Et la crainte de perdre vn bien tant desiré
 Fait augmenter ma peine.
     Que

Que s'il est destiné que son esprit trompeur
Doiue vn iour accomplir de ma jalouse peur
    Les tristes propheties,
La tombe est le seul but où vise mon desir,
Pour ne ressentir point le cruel déplaisir
    De les voir reüssies.
Aussi i'ay resolu de ne permettre point,
Tandis que mon esprit à mon corps sera joint,
    Qu'vn autre me succede.
Le Ciel qui ne void rien que mon affection
Qui se puisse égaler à sa perfection,

Veut que ie le possede.
Quand i'aurois côtre moy tous ces
Braues guerriers,
A qui la France doit ses prix
& ses Lauriers,
Pour empescher ma gloi-
Le bien de le seruir porte mon (re,
cœur si haut,
Que ie ne puis douter d'auoir
en cet assaut
L'honneur de la victoire.
Isis si les effects de ma fidelité
Surmontent une fois ceste in-
credulité,
Qui vous rend si cruelle,
Ie sçay que vous direz que ia-
mais dans vos nœuds
Vous n'auez arresté les de-
sirs

sirs & les vœux
    D'une ame plus fidelle.
Tous ceux qui maintenant iurent
    les immortels,
Qu'ils offrent tous les iours
    aux pieds de vos autels
        Leur ame en sacrifice,
Et que leur fermeté n'aura ia-
    mais de bout,
Sont des cerueaux legers qui
    pratiquent par tout
        Vn semblable artifice.
Chassez donc ces esprits remplis
    de vanité,
Indignes d'approcher la bril-
    lante clairté
        Qui luit sur vostre face.
Et si c'est vostre humeur que

*de m'y retenir,*
*Accordez à mes vœux qu'en voſtre ſouuenir*
*Autre que moy n'ait place.*

Si Nemeſe fut contente de ſe voir par ceſte abſence deliurée de l'importunité de Theophane, & ſa Riuale eſcartée des yeux de Diotrephe & d'elle, il ne le faut pas demander. Que ſi l'eſloignemét du Soleil fait paroiſtre les eſtoiles, ce Gentilhomme ne voyant plus Perſide, s'amuſoit vn peu plus aupres de Nemeſe qu'il n'auoit accouſtumé. Ceſte fille qui ne ſongeoit qu'à reconquerir ſon eſprit,

esprit, parce qu'elle en estoit veritablement esprise, sçait mesnager ses mocqueries & ses mespris auec tant d'industrie, qu'elle le rappelloit à mesure qu'il sembloit qu'elle le bannist, & sa haine estoit si pleine de flamme, que c'estoit aimer que de hair ainsi. Mais le soudain retour de Theophane luy rauit bien tost vne partie de sa ioye, se voyant poursuiuie par celuy qu'elle n'aimoit pas, & comme laissée par celuy qu'elle cherissoit. Cependant le Ligurien estoit en vne rage demesurée, de voir les caresses qu'elle faisoit à Diotrephe, nonobstant les incommoditez aufquelles il l'auoit reduit, & celles qu'elle receuoit de Theophane, qui voulant mefnager le temps de l'abfence de fa femme, la vifitoit auec des affiduitez qui faifoient voir aux moins clairuoyans qu'il y auoit autre chofe en cet empreffemét qu'vn fimple Valentinage. Comme il eftoit double & cauteleux, il auoit bien veu que de commencer fa batterie par le cœur de la fille, ce feroit du temps perdu, ce qui luy donna fujet de faire par vne perfonne interpofée fonder les parens s'ils auroient agreable fa recherche. Ces

auares

auares gens dont le cœur de fer ne reconnoiſſoit autre ayman que l'or, accoururent à ceſte propoſition comme l'acier à la pierre Lunaire. paures eſprits qui ne voyoient pas que les Partiſans, & Partiſans de Ligurie, ſont ſi grands artiſans de fourbes, que la foy de Ligurie eſt en Prouerbe au meſme predicament que la Punique l'eſtoit autrefois. C'eſt bien de ces Marchands là qui traffiquent d'impoſitions & de ſubſides, & qui traittent auecque les Princes, qu'il faut dire pour ſçauoir au vray ce qu'ils ont vaillant; Donnez-le moy mort. Eſtant asseuré de ce costé-là, toutes ses ruzes battent à escarter ses Riuaux, à quoy il applicque toutes les finesses de sõ esprit. Cependant la Ialousie (ombre inseparable de la passion d'vn Italien) le tourmente, & parce que l'or est la mesure de toutes choses, & des vers aussi, principalement en ce temps que les Muses sont à gages comme de viles seruantes, il en fit faire pour quelque pistole, si bien que ceux-là se peuuent appeller dorez qui partirent de cet employ. Mais parce que la verûe hait la sujettion & la cõtrainte, ie n'ay pas trouué ceux qui furent faicts

faicts dignes d'estre mis en ce lieu, mais en voici d'autres qui sont d'or pur, & sortis d'vne source libre & feconde.

## ODE.

### Peinture d'vne Ialousie.

EN fin Isis ma patience
Succombe sous le faix pesant
D'vn ennuy d'autant plus cuisant
Qu'il occupe ma souuenance.
En fin il faut que malgré moy,
Ma raison parle deuant toy
Du iuste sujet de ma crainte:
Et tu manqueras d'amitié,
Si tu refuses à ma plainte
Quelques marques de ta pitié.

S'il te fasche que ie murmure
Des iniures que tu me fais,
Ou punis tes propres meffaicts,
Ou pardonne au mal que i'endure.
Tu ne peux rompre ce malheur,
Il faut apprendre ma douleur,
Ou me deffendre que ie viue.
Les eaux, les rochers, & les bois
Sçauent que mon ame captiue
N'a rien de libre que la voix.

Tes yeux dont i'adore les
charmes,
Et de qui i'attends mon secours,
Ne verront pas dans ce discours
De l'artifice ni des larmes.
I'ayme trop pour diffimuler,
Et tous ceux qui m'ont veu mefler
Dãs le bruit le sang & la poudre,
Pourront eux mesmes t'asseurer
Que

Que ie sçay fort bien me resoudre
A mourir plustost qu'à pleurer:
Toutesfois Isis si tu penses
Que pour aymer perfaictement,
On doit encor que laschement
Se porter à ces violences,
Voy si i'ayme bien tes plaisirs,
Ie veux assouuir tes desirs,
Quand ils seroient mes homicides,
Pourueu que mon courage franc
N'arrache de mes yeux humides
Que des larmes qui soyët de sang.

Helas! peux-tu bien inhumaine
Permettre qu'vn nouuel Amant
Ose entreprendre iniustement
De rendre ma poursuitte vaine?
Est-ce vn traict de fidelité,
De souffrir que sa vanité
Iette les yeux sur ton visage,

Et que l'esprit de ce Riual
Emporte dessus ton courage
L'hõneur de m'auoir faict du mal?
 Quoy dõc, i'auray par tãt d'ãnées
Combattu contre ta rigueur,
Et par l'obiect de ma langueur
Fleschi l'ame des destinees?
I'auray donc adouci le Sort,
Surmonté le temps & la mort,
Et sans treuuer qui me console,
Apres tous mes actes guerriers
Ie verray qu'vn tiran me vole
Et mes Myrtes & mes Lauriers?
 A peine que la maladie
Qui me reste de ce penser,
Ne me presse de commencer
Les horreurs d'vne Tragedie.
Mais ce respect que ie promis
Aux vertus dont tu me soumis,

Sert

Sert de mords à ma fantaisie,
Et fait que ie ne monstre point
La plus funeste jalousie
Dont vn cœur fut iamais espoint.

 I'enrage de voir ceste estude
Que tu fais tout le long du iour,
Pour empescher que son Amour
Ne t'accuse d'ingratitude.
Ie vois tes peines & tes soins,
Et ie prends les Dieux à témoins,
Si ie ne crois quand ie t'approche,
Si violent est mon esmoy,
Que tu n'as non plus qu'vne roche
Aucun bon sentiment pour moy.

 Sa parole m'est importune,
Son ombre trouble ma raison,
Vne des lettres de son nom
Est vn obstacle à ma fortune.
Ie pense trop ingenieux

Que la rencontre de vos yeux
Ne parle que de me destruire,
Et qu'affin de mieux m'affliger,
Quand il entreprend de me nuire
Tu fais dessein de l'obliger.

    Isis prens pitié de ma peine,
Ne pense qu'à me conseruer,
Ton cœur ne se peut reseruer
Pour vne amitié plus certaine.
Esloigne de toy cet obiect,
Qui cent fois me donne sujet
D'estouffer l'ardeur de mes flames.
Traitte le comme indifferent,
Et croy que pour loger deux ames
Vn cœur n'est iamais assez grand.

    Alors mon esperance esteinte
Reuiura dans son element,
Et se guerira doucement
Des coups dont elle fut atteinte:
*Alors*

*Alors mon esprit garanti*
*De l'orage qu'il a senti,*
*Verra que ma perseuerance*
*Triomphe de ta cruauté,*
*Et connoistra que ta Constance*
*N'est pas moindre que ta beauté.*

Il les fit subtilement tomber entre les mains de Nemese, qui crût aussi tost qu'ils estoient de la façon de Theophane, ce qui faisoit desesperer le Ligurien, voyant qu'vn autre estoit paré des liurées qu'il auoit leuées pour paroistre, & que sa passion estoit prise pour celle d'autruy. Nemese de qui l'on parloit sous le nom d'Isis, en fit de grands

grands trofees à Diotrephe, pour luy témoigner sa fidelité, & le mespris qu'elle faisoit de Theophane à sa consideration; ni pour cela ce Gentilhomme ne s'en esmeut point. Theophane vid ces vers, & les trouuant beaux se treuua partagé d'esprit: car si la forme luy agreoit, la matiere ne luy plaisoit pas; il aimoit la reputation de bon Poëte, mais il haïssoit celle de Ialoux. & puis si Diotrephe luy eust donné aussi peu d'ombrage aupres de Perside, qu'il luy en bailloit aupres de Nemese, il n'eust pas eu sujet de se cabrer. Qu'il est malaisé de

## LIVRE II.

de cacher ce feu qui s'esprend dans vn cœur, il en sort tousjours des estincelles par le souspirail de la bouche. il est malaisé que ce qui touche le cœur ne tombe sous la langue, la playe & la plainte sont inseparables. Vn iour Diotrephe auec ceste belle voix qu'il vnissoit si artistement auec son luth, souspira ceste

## PLAINTE.

Puisque des Cieux la dure loy
  A ce coup absente de moy
Celle dont mon ame est captiue,
Mes yeux au moins en ces malheurs
                  Monstrez

Monstrez par l'exces de vos pleurs,
Que ma douleur est excessiue.
I'ay souuent comblé de tourment
Desiré son esloignement,
Puis lors que ie me veux distraire,
Et conseruer ma liberté,
La memoire de sa beauté
Me fait desirer le contraire.
Mon penser ne s'esloigne pas,
Il reconnoist de ses appas
Tousiours la puissance inuincible,
Pour elle il me fait souspirer,
Et qui m'en voudroit retirer,
Ce seroit tenter l'impossible.
O despart triste & rigoureux,
Despart mille fois malheureux,
Qui

*Qui sert à mon malheur de proye!*

*Ie mourrois d'ennui à ce iour,*
*Si ce n'estoit qu'à son retour*
*Il me faudra mourir de ioye.*

Bien luy prit d'estre seul enfermé dans sa chambre triste & pensif quand il recita ces paroles, car elles eussent trop ouuertement faict entendre à Nemese, que s'il estoit aupres d'elle de corps il estoit absent de cœur. l'impatience d'estre priué de l'obiect sans lequel la lumiere du iour luy estoit déplaisante, le fit resoudre à en repaistre ses yeux à quelque prix & peril que ce fust. Il feint d'aller en l'vne de ses maisons,

maisons, il se deguise en païsā, & se coulāt au pied de ce fort qui est la terreur des Alpes, & qui porte le nom du meilleur des monts, il alla du long de la vallée de Liamons à vne ville à qui le rencontre de quelques riuieres qui descendent des hautes montagnes, donne celuy de Confluence; de là il se rendit au païs de Tarante aupres des blanches & claires eaux de Tiermont. Theophane qui auoit laissé aupres de sa femme autant d'espies qu'elle auoit de domestiques, se douta que ceste retraitte de Diotrephe ne fust pour vn autre sujet, il le fit suiure

# LIVRE II.

suiure de loing, & sceut-on qu'il auoit pris vne autre brisée. Perfide soupçonneuse & en colere contre Theophane, auoit à Brianche des personnes qui luy donnoient auis de ses visites chez Nemese. la voila offensée iusqu'à la mort, ses pensées & ses paroles ie les laisse au bout de ma plume. A quoi ne se resoult vne femme despitée? elle appelle toutes les fureurs pour luy inspirer vne vengeance contre cet ingrat & ce perfide qui la quitte pour vne autre, qui la traitte en esclaue, qui l'a escartée de Diotrephe pour sa jalousie; sur ces imaginations

l'Idée

l'Idée de ce Gentilhomme entre en son esprit en la plus belle forme qu'elle eust iamais veüe, & y fait vne violente impression. Le diable qui dispose ses artifices pour les faire ioüer en leur temps, amena Diotrephe aupres d'elle lors qu'elle rouloit ces fantaisies en sa teste, il luy fait sçauoir de ses nouuelles, & sans enfoncer d'auantage les particularitez, ils se virent, sans interest pourtát, comme l'on croit, de l'honneur de Perside plus desireuse de se vanger de son mari que d'obliger ce Gentilhomme. Ce ne fut pas si secrettement que
quelques

quelques seruátes ne le sceussent, c'est à dire, tout le monde, & Theophane le premier, qui en entre en vne rage forcenée. Voyant donc que la retraitte des champs estoit moins seure pour garder sa femme que la demeure de la ville, il la fait reuenir promptement, luy faisant paroistre à son retour des signes si manifestes de mescontentemét, qu'elle ne pouuoit douter d'auoir esté descouuerte lors qu'elle parloit à Diotrephe. Lequel reuint bien tost apres à la ville, estimant y auoir plus de commodité de la voir. Iusques ici la dissimulation

entre

entre Theophane & ce Gentilhomme auoit duré; mais quand il voulut continuer ses visites chez sa Valentine, le mari luy parla si haut, & l'autre luy repliqua en termes si verts que l'amitié fut deschirée, & il ne s'en faut pas estonner, puisque les fondemens de la Vertu n'y estoient plus. Theophane luy deffendit l'entrée de sa maison, luy reprochant qu'il auoit reconnu le tort qu'il luy procuroit en luy voulant desbaucher sa femme. Diotrephe luy rejetta au nez la passion qu'il auoit pour Nemese, renuoyant sur luy l'alteration des volontez de de ceste fille en son endroit, & le menaçant de le mettre en pieces s'il le rencontroit auprès d'elle. A cela Theophane repartit que ce n'estoit pas à luy de luy deffendre l'acces en vne maison qui ne luy appartenoit pas, & que s'il l'attacquoit il treuueroit vn respondant. Ils se fussent querellez deslors & battus, si ceux qui estoient presens à ce debat ne les eussent escartez l'vn de l'autre. voila les premiers éclairs du tonnerre qui suiura, & de la foudre qui tombera sur leurs testes. Theophane deuenu jaloux fut aussi tost vn Tyran pour

Perside, il luy deffend les bals & les assemblées, fait mesme espier sa contenáce aux Eglises, l'enferme dans vne chambre, la charge d'outrages & d'iniures, la menace furieusement. tous moyens d'inciter vne femme à mal faire, nullement de l'en retirer. Aussi Perside en fut-elle si outrée, que de furieuse deuenüe malicieuse, elle commença à escrire à Diotrephe (ce qu'elle n'auoit point encore faict) & à receuoir de ses lettres, & traittoit-elle de ceste sorte non tant pour volonté de mal faire, que pour se vanger de ce jaloux, & pour rauoir sa liberté.

berté. Diotrephe passionné outre mesure secondoit ses intentions autant qu'il pouuoit, & ne faisoit que passer & repasser deuant le logis de Theophane, cherchant les occasions ou de le quereller, ou de le mettre en frenaisie. Ces façons de faire donnerét vn si mauuais bruit à Perside, que quand elle eust faict le mal dont on la blasmoit, elle n'en eust pas esté plus diffamée. Mais quoy? l'appetit de se vãger est tel qu'il fait mettre dessous les pieds la consideration de la renommée. Tout le monde parloit sinistrement d'elle & de Diotrephe, & disoit-on tout haut que le feu de la Ialousie de Theophane n'estoit point sans fumée. Sur quoy vn Poëte qui estoit fasché de la voir ainsi descriée, & qui la croyoit sans crime, pour iustifier son innocence fit courir ces vers par la ville, où il la fait parler ainsi.

## STANCES.

### Contre la Mesdisance.

Quel malheur obstiné me suit,
Si ce qui est plus desirable,
Si mesme la beauté me nuit?
Beauté que tu m'es dommageable,

*Pour*

*Pour toy ie suis en mes beaux*
*ans*
*L'exercice des mesdisans.*
*Les malings & les curieux*
*Disputent de mon innocence,*
*Que maudits soient leurs trai-*
*stres yeux,*
*Et leur temeraire licence*
*A reprendre les actions,*
*Et mesmes les intentions.*
*I'ay beau me tenir en prison*
*Seule dãs ma chambre affligée,*
*Ils enuironnent ma maison*
*Où ils me tiennent aßiegée,*
*Et mesme s'ombragent du vẽt*
*S'il vient à passer au deuant.*
*Les voisins qui du seul regard*
*Iugent l'offense irremissible,*
*Prenãs tout en mauuaise part,*

M'estiment beaucoup accessi-
ble,
Mesurans mes deportemens
A leurs imperfaits iugemens.
A tous les hommes que ie voy,
Ie fay bon visage à leur dire,
De ceux qui passent deuant
moy
L'vn est contēt, l'autre souspire.
Peuple ennemi de verité,
Que vous auez d'oisiueté.
Mes parens fascheux & legers,
Dont le soin sur moy tousiours
veille,
Prestent à ces bruits men-
songers
Les yeux, & lãgue & l'oreille,
Ayans plus de credulité
Que ie n'ay d'infidelité

Si

Si d'vne autre Dame on mesdit,
　Ils pensent qu'on dōne le chāge,
Si quelqu'vn mes graces redit,
　Que ie l'oblige à me loüange,
Et s'il en mesdit en secret,
　Ils pensent qu'il fait le discret.
Mon mari Tyran de mes iours,
　Qui nul autre en doute n'es-
　　gale,
　Violente par ses discours
　Ma fidelité coniugale,
En me saccageant à grand tort
D'outrages iusques à la mort.
Par ces rigoureuses façons
　Ie serois au malheur portee,
Si parmi ses ingrats soupçons
　Ie n'estois d'vn Ange assistee.
Trop vne femme soupçonner,
Au peché la fait addonner.

H 4

Qu'est-ce que la Vertu me sert,
 Si ie n'en puis auoir l'estime?
 Et si tout mon honneur se perd
 Dessous l'apparēce d'vn crime,
 Pis ne me sçauroit estre faict,
 Si le bruit auoit son effect.
Toutesfois parmi la rigueur
 De ceste contrainte moleste,
 Qui me reduit à la langueur,
 Ce cher soulagement me reste,
 D'auoir en ma iuste douleur
 Moins de peché que de malheur.

Si la reputation de Perside estoit en proye de la Calomnie, certes elle en dónoit bien & Diotrephe aussi quelque sujet, sinon dans les effects criminels, au moins dans l'apparence;

parence; & souuent le scandale d'vn mal qui n'est pas, est pire que si le mal estoit veritable. La langue, ceste estincelle, dit l'Apostre S. Iacques, qui cause tant d'embrasemés, ne se contenta pas de deuorer la renommée de Perside, mais comme la flamme se glisse d'vne maison à vne autre, elle commença à s'estendre contre l'honneur de Nemese, à cause de l'Amour que Theophane auoit pour elle, qui se publia incontinent par tout. voila comme Dieu par vn iuste iugement, iette la honte au visage de ceux qui sont si effrontez que de pecher de-

H 5

uant le sien. Mais comme les prudens & experts en vn Incendie public courent au deuant du feu, & luy tranchent le passage, les parens de ceste fille voyans le preiudice que ceste frequentation de Theophane apportoit à l'honneur de leur famille, (à la persuasion de Callicrate qui faisoit iouer sous main tous ces secrets ressorts) ne deffendirent pas seulement à Theophane l'abbord de leur fille, mais pour oster tout sujet de parler, ils luy interdirent l'entrée de leur maison. ce qui mit cet homme en vne rage demesurée, parce qu'il crût (ignorant

rant la passion du Ligurien) que cet effect qui mettoit en poudre tous ses desseins, venoit de la persuasion de Diotrephe. Tourmenté d'vn costé de sa Ialousie, & de l'autre de son iniuste Amour, il est semblable à vn vaisseau battu sur la Mer de deux vents contraires, qui se mocquent de l'industrie des matelots. O combien est vraye ceste sainte parole, que le cœur du meschát est vne Mer qui boüillonne. Se voyant en ces agonies il tourne toutes ses pensées à la vengeance, estimát satisfaire par elle en mesme temps à ses deux frenaisies. Diotrephe picquant ses desirs par la contradiction, & disant auec ce Poëte,

*Où ie sens du peril, c'est là que ie m'esforce,*
*Et la difficulté me donne de l'amorce.*

se rend tellement attentif à rechercher les occasions de voir Perside, ou de pratiquer des intelligences auec elle par lettres, signes, & messages, qu'il ne va plus chez Nemese que fort rarement. Le Ligurien asseuré de la volonté des parens, prit ce temps pour se declarer à celle que iusques alors il auoit adorée en siléce. Elle qui ne l'auoit iamais regardé

gardé que comme vne personne indifferente, & qui auoit tousiours eu quelque secrette auersion de sa mauuaise mine, se treuua vn peu estonnée d'effacer l'Idée de l'ingrat & volage Diotrephe de son esprit, qui s'y estoit burinée de si longue main. ce n'estoit pas l'ouurage d'vn iour, beaucoup moins y pouuoit-elle receuoir celle de Callicrate dont elle redoutoit l'esprit, autant que le corps luy déplaisoit. Mais elle dissimula prudemment ce qu'elle pensoit, & à la façon des filles discrettes, se remettant à la volonté de ses parens

sur

sur le choix de celuy qu'ils luy destineroiét pour espoux, elle luy témoigna vne grande indifference pour tous les hommes. Cela esleua les esperances du Ligurien iusque là de penser estre arriué au faiste de ses desirs, puis qu'il auoit parole des parens de ne perdre point son temps en la recherche de leur fille. Il fit faire à vn Italien de ses amis qui estoit lors à Brianche, & qui sçauoit rimer, des Octonaires qui m'ont faict plus de pitié que d'enuie de les mettre ici, ils estoient sur le sujet du bannissement de son Riual. Ce sera au grand profit du Lecteur

Lecteur que ie mettray en leur place ceste belle

## ODE.

Isis ceste beauté perfaicte,
Pour qui mes yeux ayment le iour,
Consacre en fin à mon Amour
Les despoüilles de sa deffaicte.
La pitié de mes maux soufferts
A si bien rangé sous mes fers
Les desirs de ceste inhumaine,
Qu'aux doux meslãge de nos feux,
On ne connoist plus qu'auec peine,
Lequel brusle mieux de nous deux.
 Il n'est plus rien qui m'importune,
Pour moy le Sort n'a plus de fiel,

Ie ne demande rien au Ciel,
Ie suis content de ma fortune.
Ce Riual qui la poursuiuoit,
Et par qui mon ame viuoit
Dedans vn eternel supplice,
Me voyant heureux auiourd'huy,
Souffre par vn traict de justice.
Les maux que ie souffrois pour luy.

Cet Amant de qui la presence
Trauailloit mon esprit ialoux,
Loin de nos cœurs comme de nous
A veu mourir son esperance.
Isis a puni son orgueil
De la colere de son œil,
Et tant s'en faut qu'elle s'estime
Capable encore de l'aymer,
Qu'elle accuse comme d'vn crime
Ceux qui pensent à le nommer.

Ie ne lis plus dans son visage
Des arrests qui parlent de mort,
Tout ce qu'elle auoit de plus fort,
Ie l'ay vaincu par mon courage:
Ie suis maistre de sa raison,
Et bien que mon ame en prison
Suiue les loix de son empire,
I'ay si vaillamment combattu,
Que les plus grands biens où i'a-
spire,
Ie les obtiens de sa Vertu.

Son humeur n'est plus vaga-
bonde,
Seul ie suis cet obiect puissant,
Pour qui sa volonté consent
Au mespris du reste du monde:
Ma flamme n'a plus d'ennemis,
Et sa bouche m'ayant promis
Ce que son effect execute,

Ay

Ay-ie sujet d'apprehender
Qu'vn autre qu'vn Dieu me
dispute
La gloire de la posseder?
I'ay banny l'humeur de me
plaindre,
Puisqu'elle n'est plus à propos,
Et que mon esprit en repos,
Ne connoist rien qu'il doiue crain-
dre.
Car enfin quand ceste beauté
Voudroit manquer de loyauté,
Sa parole qui me demeure,
M'est vn gage si precieux,
Que ie n'en croirois, ou ie meure,
Ni mes oreilles, ni mes yeux.
Aussi quel Amant plus fidelle
Trouueroit-elle en l'Vniuers,
Puisque tant d'accidents diuers

Ne

Ne m'ont iamais separé d'elle?
Ie n'ay point de plaisir perfaict,
Que celuy de mettre en effect
La chose qu'ell' a resoluë;
Et son œil à vaincre fatal
Est le seul Astre qui m'influë
Ce que i'ay de bien ou de mal.

Elle m'est témoin que son ame
Ne m'a point encor reproché,
D'auoir commis aucun peché
Contre sa beauté ni ma flame.
Que si l'exces de mon tourment
N'a peu forcer mon iugement
A rompre le nœud qui me lie,
Obiect de mes plus beaux desirs
Isis dis moy ie te supplie,
Que feray-ie dans les plaisirs?

Permette le Ciel qu'à nostre aise
Nos cœurs esgalement aymez,
Pour

*Pour estre ensemble consommez,*
*Bruslent dans vne mesme braise,*
*Et que cependant que le tien*
*Fournira de flammes au mien,*
*Tous ceux qui chercherõt ta grace,*
*Ialoux du bien que ie reçoy,*
*Puissent espreuuer que la glace*
*N'a pas de froideur plus que toy.*
Les Italiens ont cela, que sur la moindre parole qui leur vient de la bouche d'vne femme (sans songer que c'est vne femme qui parle) ils iettét les esperances de leur Amour & les fondemens de leur fortune, ce qui les met apres en des fureurs inconceuables, quand ces giroüettes viennent à tourner. voyez comme il châ-
te

te le triomfe d'vne victoire qui luy sera funeste. Nemese aussi malicieuse qu'il estoit fin, luy fit bien connoistre que la subtilité d'vn Italien n'esgale point la ruze d'vne fille Amoureuse & courroucée. Connoissant que ce Ligurien estoit passionné pour elle, aussi tost elle iugea que ce seroit le meilleur outil qu'elle pourroit employer pour se vanger de l'infidelité de Diotrephe, qui ne se contentant pas de l'auoir laissée, semoit d'elle de mauuais discours, se vantant vainement de quelques faueurs qui luy estoient desauantageuses. Elle s'en

s'en plaignit à Callicrate, qui luy en témoigna des indignations & des ressentimens extremes, luy protestant de ruiner ce Gentilhomme par les chicaneries de la Iustice, & de le reduire en des termes miserables : mais l'irritée femelle ne se contentoit pas de cela, elle vouloit vne plus haute vengeance, & que son honneur offensé se lauast dans le sang de celuy qui l'auoit outragée. Les Partisans sont gens qui sçauent mieux ioüer de la plume pour faire vn calcul, que non pas du tranchant; & quand mesme il eust porté vne espée, la
jouste

joufte n'euft pas efté efgale d'vn Italien contre vn François. Les Liguriens font perfonnes de finances & de fineſſes, & qui ſe ſeruent pluſtoft de la peau du Renard que de celle du Lyon. il promet à ſa Maiſtreſſe de faire merueilles, mais il veut du temps, affin de prendre ſi bien ſes meſures que ſans courir aucun danger de ſa vie il la face perdre à Diotrephe. Chacun ſçait le Prouerbe de delà les monts, traittons la paix pour le tuër. Il accoſte ce Gentilhomme, & bien qu'il luy euſt faict toute ſorte de mauuais offices, il luy promet de de nouueaux seruices, & de surseoir ses poursuittes en Iustice, pour entrer plus que deuant en sa conuersation. Il le connoist charmé de l'Amour de Perside, pour laquelle il perdoit le sens & la raison, il feint de le vouloir assister en tout & de fauoriser sa passion, il entre en la connoissance de ses pratiques secrettes, dont il donnoit sourdement auis à Theophane. voyez cóme ce traistre estoit vn couteau tranchant des deux costez. On surprend des lettres, voyla vn proces par escrit dont cet Italien estoit le rapporteur. Diotrephe estoit vn homme

LIVRE II. 193
homme hardi & courageux & qui ne connoissoit point la peur, au reste vne rude espée. Il brauoit Theophane auec des insolences qui ne se pouuoient plus supporter, il rodoit tousiours autour de la maison où Perside estoit enfermée, comme le Milan qui vole autour de la proye dont il veut faire curée. C'est ce qui faisoit murmurer vn chacun, & qui mettoit ce mari au desespoir. Durant les nuicts il passoit & repassoit dans la ruë, s'arrestoit deuant ceste porte, & souuent auec son luth & sa voix il y recitoit des vers sur le sujet de
I

sa passion. en voici vne monstre.

## ODE.

Et Astre dont la Sebusie
Empruntoit toute sa clairté,
Pour vne folle Ialousie
Est priué de sa liberté.
La fantaisie d'vn auare
Qui possede vn thresor si rare,
Le rend si jaloux sans raison,
Que l'or dont la fille d'Acrise
Fut iadis par Iuppin surprise,
Ne forceroit pas sa prison.
Perside est doncques enfermée
Par ce triste auaricieux,
Et ma puissāce quoy qu'armée
Me deffend d'estre officieux.

*Faut-il que mon courage cede*
*A ce cruel qui la possede,*
*Et que miserable Ixion*
*Ie me contente d'une nuë,*
*Qui ne peut estre maintenuë*
*Que par esgale fiction?*

Si le chant des oyseaux est la cause de leur prise, celuy de ce Chantre sera la source de son malheur; car Theophane conuertissant sa patience en fureur, & sa souffrance en frenaisie, fit comme le diamant qui ne se brise iamais qu'il ne se mette en poudre. Il se resoult à repousser ces insolences par la force, & ces iniures par les armes. Mais parce que sa profession ne luy en auoit pas donné l'vsage si facile qu'à ceux qui s'y sont exercez, il appella à son secours trois ou quatre de ses amis qu'il mit dans sa maison, resolu auecque leur aide d'empescher les serenades, les chants & les promenades que venoit faire Diotrephe durant la nuict. Callicrate en eut auis, qui crût que c'estoit là le vray moyen de se deffaire de son Riual en le menant à la boucherie. il luy persuade d'aller auec son luth sonner vn air aupres des fenestres de Perside, Diotrephe prit incontinent feu à ceste proposition, il fait prendre son luth

luth à vn de ses lacquais, ne songeant à rien moins qu'au malheur qui luy alloit arriuer. Comme il fut assez pres du logis de Perside, il ne voulut pas se mettre iustement au deuant, pour ne scandalizer le voysinage, mais accordant son luth auec sa voix, il fit entédre ces belles paroles.

*Obiect de tout point accompli,*
*De qui le merite a rempli*
*Tant de bouches & tant d'o-*
*reilles,*
*Le Soleil du plus haut des*
*Cieux*
*Void-il aucun que vos merueilles*
*Ne tiennent saisi par les yeux?*

*Cet Astre qui iusqu'auiourd'huy*
*N'a rien eu de semblable à luy,*
*Ne... us void plus qu'auec-*
*que honte,*
*Il craint vostre comparaison,*
*Et n'est point sans regret qu'il monte*
*Tous les iours dessus l'horizon.*

A peine auoit-il acheué ceste seconde Stance, quand cinq ou six hommes bien armez sortent à l'improuiste comme des Lyons de la maison de Theophane, & se viennent ietter furieusement sur Diotrephe, le surprenans en vn tel desordre que tout ce qu'il peut faire, ce fut de jetter son luth qu'il appuyoit contre vn
de

de ses lacquais, & de se reculer quelques pas pour mettre la main à l'espée. Callicrate qui sçauoit de longue main le Prouerbe Italien,

*Vn beau fuir sauue toute la vie.*
disparut aussi soudain qu'vn éclair, pour faire place au tonnerre dont vous allez voir les esclats. Diotrephe ce courage sans peur & ineffrayable au peril, se voyant tant de gens sur les bras, se resolut de vendre cherement sa vie, il se range contre vne porte en intention de bien payer le premier qui l'abborderoit, ses lacquais rendus courageux par le peril de leur Maistre,

I 4

tirent leurs espées pour le deffendre ; il se fait vn sanglant combat de six contre trois, (car Theophane auec ses trois amis auoit armé deux de ses domestiques ) vn Jacquais en blesse vn, mais il fut aussi tost despeché par deux qui le percerent & le coucherent mort par terre. Ils vont en foule vers Diotrephe qui se deffendoit en Lyon, mais se voyát mal-mené il se resolut de se desgager par vne passade desesperée, en la faisant il receut vn coup de taillant tout au trauers du visage, qui luy fit vne horrible balafre depuis le front jusques

ques sur le menton, qui luy creua vn œil, & luy coupa de la bouche; mais auſſi enfonça-t'il ſon eſpée iuſques aux gardes dans le corps de celuy qu'il rencontra, laquelle il ne peut retirer. Le voyla ſans deffenſe, & à cauſe du ſang qui couloit de la playe de ſon viſage tout à fait hors de combat, percé en d'autres lieux il tombe ſur la place comme mort, ſes ennemis penſans l'auoir tué allerent à celuy qui eſtoit cheu, & ſe treuua que c'eſtoit le deplorable Theophane roide mort. le lacquais qui eſtoit reſté reuenant de quelques pas qu'il auoit fuy, & croyant que son Maistre fust tué, pour vanger sa mort cacha si auant son espée dans les reins d'vn de ceux qui regardoient Theophane, qu'il luy alla tenir compagnie. La rumeur se fit grande par le quartier, les voysins sortent, la batterie estant passée la Iustice arriue. On treuue Theophane mort, & vn de ses amis, vn des lacquais de Diotrephe, & ce Gentilhomme qui tiroit aux abois. voila bien des meurtres; tous les autres se mirent en fuitte. Diotrephe est porté chez vn Chirurgien, où il pensa expirer lors que l'on mit

mit le premier appareil à ses playes. Mais sa force, sa jeunesse, sa bonne constitution, la multitude des remedes retindrent son ame dans son corps, pour le reseruer à d'autres euenemens. L'on informe soigneusement de cet euenement tragicque, il se treuue que Diotrephe ne chantoit pas deuant la maison de Theophane, qu'il l'a tué en se deffendant, qu'il y a plustost eu de la supercherie du costé du mort que de celui du blessé, tout va en la faueur de Diotrephe. Au contraire les amis du mort disoiét qu'il l'auoit assassiné à dessein, que

tous les iours & toutes les nuicts il cherchoit les moyés de le rencontrer pour le tuer, comme il s'en estoit vanté souuent, que la passion qu'il auoit pour Perside l'auoit porté à ceste rage, & peut-estre que Perside mesme deuenuë perfide l'y auoit incité. Mais en fin la deposition de Callicrate ( bien qu'il eust souhaitté Diotrephe en la place de Theophane ) alla toute à la descharge de ce Gentilhomme, & la verité estant reconnuë, sa grace fut treuuée de justice, & entherinée comme telle ; parce qu'il n'auoit tué son ennemi qu'en
se

se deffendant. Mais l'arrest de son absolution ne luy restitua pas son œil, ni ne remit son visage en l'estat qu'il l'auoit auant ceste horrible balafre, qui le rendoit hideux à voir & presque espouuantable. il' eut vn nerf coupé en vne cuisse qui le rendit boitteux, outre cela le voila borgne, belles qualitez certes pour acquerir les bonnes graces de sa Maistresse & de sa Valentine. Quelque despit qu'eust Perside contre son mari, si est-ce que la bonté de son naturel luy fit plaindre mort celuy qui la trauailloit si rigoureusement lors qu'il estoit en vie,

vie, & luy fit auoir en horreur le meurtrier, lors que ses playes furent gueries, & qu'il voulut sortir auec vne emplastre sur l'œil, & vne autre depuis le haut iusques au bas du visage comme vne bande d'armoirie, auec vne iambe plus courte que l'autre. Imaginez-vous qu'il faisoit beau voir ce Valentin, il ne falloit que l'auoir connu auparauant pour le mesconnoistre alors, que tous les remedes d'aimer se treuuoient escrits sur luy en grand volume & en grosse lettre. La premiere fois que Nemese le vid, Dieu que deuint-elle? certes toute

son

son Amour s'esuanoüit, & la seule pitié fit saigner son cœur par les yeux, voyant où la fortune auoit reduit ce deplorable Gentilhomme. Perside qui n'auoit eu pour luy que des affections naissantes, & comme forcées par le despit, destourna ses yeux de dessus ce visage qu'on ne pouuoit voir sans effray, & quand elle le vid clocher, sõ Amour s'en alla tout droit & bien viste. Luy qui pensoit que sa Noblesse, son courage & ses seruices anciens deussent suppleer au deffaut de sa bonne mine qu'il auoit perdu, auoit resuscité ses affections & ses

& ses esperances pour Perside; il la fit demander en mariage, mais elle renuoya si rudement celuy qui luy en porta la parole, qu'elle fit bien connoistre que ce seroit parler à vne sourde que de luy en continuer le discours. Il se retourne du costé de Nemese qui ne peut seulement souffrir son ombre ni son nom. Voila Callicrate au dessus du vent, & qui l'a en pouppe & fauorable. Mais Nemese qui s'estoit serui de luy pour perdre Diotrephe, tournant la carte s'auisa de se seruir de Diotrephe pour se deffaire de ce Partisan, qui la faisoit tellement

lement presser par ses parens, qu'elle ne sçauoit plus de quelle façon resister à leur violence. Par vne personne confidente elle fit auertir Diotrephe de la trahison de Callicrate, & que passionné pour elle, & pour se deffaire de luy il l'auoit comme mené à la boucherie lors qu'il fut attacqué par Theophane. Voila le grand courage de Diotrephe tout en feu, & resolu de chastier vne si desloyale perfidie. outre cela ceste sangsuë qui luy sucçoit le plus clair de ses reuenus par les interests de l'argent qu'il luy auoit presté, &

qui

qui le trauailloit toufiours par chicaneries, luy eſtoit en haine; de plus le connoiſſant pour Riual, & Riual qui auoit deſia gaigné les parens de ſa Maiſtreſſe, ce qui eſt le premier mobile en faict d'alliances, il ſe determine de l'exterminer, mais à la façon des Cheualiers en le faiſant appeller pour ſe battre. Il luy enuoye vn Cartel, en eſchange de tant d'autres aſſignations que les Sergens donnoient tous les iours à Diotrephe de la part de Callicrate. Que fit le ſubtil Ligurien pour deſtourner ceſte foudre de ſa teſte & de ſon honneur?
Il

Il dit que c'eſt vne mauuaiſe façon de payer ſes debtes que de faire appeller en Duel ſes creanciers, & que lors que Diotrephe luy aura payé ce qu'il luy deuoit, il luy feroit paroiſtre qu'il ne manquoit pas de courage. Diotrephe voyans ce refus, menace de le traitter du baſton par tout où il le rencontrera, & qu'il luy apprendra à marcher ſur les briſées de ſa recherche, l'accuſant tout haut de trahiſon. Et d'effect il tournoya-tant par Brianche, que l'ayant vn iour rencontré dans la ruë, il luy fit mettre l'eſpée en la main, de laquelle le Ligurien
ſe

se seruoit fort mal ; il eust mieux faict de s'escrimer des iambes, car sans doute il eust esté victorieux en cet exercice du boitteux Diotrephe. Mais pour auoir voulu faire mine de resister, ce Gentilhomme entra sur luy d'vne pointe, & d'vn seul coup luy fit vuider l'ame du corps. Peu de gens accoururent au secours de cet estranger, qui estoit hay en qualité de Partisan, chacun fit large à Diotrephe, qui se sauua dans vne Eglise, où la franchise est inuiolable parmi les Sebusiens, & de là sous-main il prit la clef des champs, & passant le Rhosne se rendit en France

France pour euiter les mains de la Iustice. Par ce seul coup Nemese fut deliurée des importunitez de ces deux poursuiuans, comme par l'autre elle l'auoit esté de celles de son Valentin. Au commencement le Prince estant fort fasché de la mort de ce Partisan, commanda que la Iustice fust faitte de Diotrephe, qui estant en sauueté en des terres franches de la sujettion de ce Souuerain, fit sa paix par le benefice du temps, ayāt faict connoistre la trahison que luy auoit dressée ce Ligurien, lors qu'il fut si brusquement assailli par Theophane.

phane. Nemese fut mariée à vn autre durant cet exil de Diotrephe, & Perside suiuant le conseil de Sainct Paul, qui ordonne aux ieunes vefues de se remarier, prit vn autre mari. l'vne & l'autre renonçans pour toute leur vie aux Valentins & au Valentinage, qui auoient produit des effects si tragiques. Encore vaut il mieux s'auiser tard que iamais, & se faire sage par l'exemple d'autruy qu'à ses propres despens. Dient desormais ceux qui voudront non seulemét excuser, mais maintenir ceste dangereuse coustume, que c'est vn lien de la
societé

société publique, le nœud des amitiez des familles, vn témoignage de confiance, & tant d'autres fatras de raisons qui toutes sont friuoles & legeres, ou si elles trebuschent, c'est dans l'abysme du malheur. Celuy-là peut-il estre appellé sage, qui ne se destourne point d'vn chemin qu'on luy asseure estre tenu par les voleurs, & qui ne quitte point vne coustume dont il sort de si funestes euenemens? On dira qu'ils sont rares, & pleust à Dieu qu'ils le fussent encore d'auantage; mais las! ils ne sont que trop frequens. Que si ces meurtres ont

ont faict beaucoup de bruit, les adulteres & les stupres n'en font pas tant, mais ne font pas moins de mal dans les familles, au contraire ils en font vn d'autant plus grand, que l'honneur parmi les cœurs bien faicts est vn bien plus estimé que la vie. Ce qui peut arriuer à vn ou à deux, peut arriuer à tous ; le feu qui a bruslé la maison de nostre voisin, vne autre fois peut arriuer à la nostre & la consumer. Quoy ? durant vne contagion l'on fuit si soigneusement les lieux infectez & les personnes suspectes, & pour la peste des vices, qui est

le

le iouet des mondains, & la poison des ames, on ne voudroit pas demordre de la moindre coustume. Tant de Seruiteurs de Dieu ont faict voir le serpent sous l'herbe, monstré les dangers de ces accointances, & combien il est perilleux d'approcher le bois du feu, & cependant on tient opiniastrement à ceste coustume. Ne peut-on pas dire à ces obstinez cela mesme que le Sauueur disoit aux Pharisiens; Pourquoy transgressez-vous la loy de Dieu pour vostre tradition? la loy de Dieu deffend l'adultere, & mesme le desir de la femme

K

du prochain, & ceste tradition si elle n'adultere, elle altere tousiours les iustes & legitimes affections. Enfans des hommes iusques à quand pesans de cœur aimerez-vous les vanitez, & chercherez-vous la mensóge? Amnon introduit sa sœur Thamar dont il estoit malheureusement espris, sous pretexte d'amitié, & puis l'ayant prise à force commet inceste auec elle, aussi tost sentant l'horreur de son crime, il la chassa loing de soy, violant auec autant de cruauté les loix de la bienueillance, qu'il auoit laschement violé celles du sang. Le

Tentateur en ses suggestions commence tousiours par de specieuses apparences, sous lesquelles il cache les abysmes où il veut precipiter ceux qu'il alleche, & qu'il veut sacrifier au malheur, à la façon de ces victimes que l'on meine immoler en les couronnant de festons & de fleurs, & en les conduisant auecque la Musique. Ce n'est point assez de sortir de Tyr & de Sidon comme la Cananée, il faut encore aller par delà les confins, ie veux dire que ce n'est point assez à vne ame qui a autant de soin de son salut, que ceste femme en auoit de la santé de sa fille, de quitter la region infortunée du peché, si encore on n'en laisse les occasions. Sur ce propos ie faisois vn iour ce

## MADRIGAL.

### Qu'il faut fuir les occasions du peché.

*Nous prions Dieu auec deuotion*
*Qu'il ne nous porte pas dans la tentation :*
*Et cependant ( telle est nostre manie )*
*Nostre inclination*
*En toute compagnie*
*En recherche l'occasion.*
*Fuyons*

*Fuyons ces lieux pleins de ma-*
*lice,*
*Où sõt tant de feux d'artifice,*
*Pareils à ces flambeaux que*
*l'on appelle ardans,*
*Dont les splendeurs funebres*
*Luisent dans les tenebres,*
*Pour fouruoyer les regardans.*

Que si apres tant de raisons & d'exemples on perseuere en ceste mauuaise coustume, il faut imiter les Medecins qui permettent tout à ceux dont ils desesperent la santé, & les renuoyer aux bains de la grace comme des incurables. Ou bien faire comme les nautonniers, qui ont recours au Ciel lors que la tempeste surmonte leurs forces & leur industrie, il faut addresser des vœux à Dieu pour la guerison de ces esprits malades. Car quelle autre main que celle de Dieu peut apporter du remede à vn mal qui a ietté de si profondes racines, & arrester le cours de playes tant inueterées? qui peut resusciter vn Lazare pourri de quatre iours, sinon la voix de celuy qui a parlé, & toutes choses ont esté faittes? C'est pourquoy esleuant nos cœurs & nos yeux vers le Ciel, il faut demander au Pere des lumieres qu'il illumine les tenebres de ceux qui en voyant ne ne voyent pas, & qu'il oste la surdité de ceux qui escoutans n'escoutent pas, & ne veulent pas ouyr pour bien faire. Ce vœu se pourra addresser à Dieu en ceste sorte.

## SONNET.

Inuocation du secours diuin.

Sainct & diuin Esprit dont la seule influence
Remplit de fleurs la terre, & de flammes les Cieux,
Soleil qui vas guidant les Anges radieux.
Par vn iour eternel où reluit ta presence :
Fay pleuuoir dessus nous ta grace

# DIOTREPHE,

& ta clemence,
Et rasseure nos sens d'vn esprit
gracieux,
Rempli-nous de sçauoir, affin
qu'en ces bas lieux
Nos cœurs soient esclairez de
ton intelligence.
Permets que nous puissions aux
vices resister,
Et genereusement nos passions
dompter,
Monstre à nos iours obscurs
tes clartez eternelles:
Des mains de l'aduersaire helas!
preserue-nous ;
Et puis comme l'oiseau de ses
petits ialoux,
Cache-nous ici bas sous l'ombre de tes aisles.

Il fallut que le Sauueur mefme eftendift fa main pour guerir la belle-mere de Sainct Pierre de fes fieures. nos fieures font nos paffions, nos fieures font nos mauuaifes couftumes, nos fieures font nos vicieufes habitudes, fi Dieu ne les arrache par fa puiffance, nous fommes trop foibles pour nous en faire quittes. Sur tout quand elles ont gaigné la creance du vulgaire, qui tient pour des Oracles des opiniõs receües de longue main, & receües fous le manteau de la Pieté. Ce fut la peine de Moyfe combattant cõtre le peuple de Dieu auec de perpetuelles contradictions, pour le feurer des imperfections qu'il auoit contractées dans l'Egypte, iufques à fentir aigrir fon efprit, qui eftoit le plus doux qui fuft entre les viuans, & le contraindre

traindre d'appeller Israël vn peuple de dure ceruelle, de cœur incirconcis, vne generation peruerse & incorrigible. Si apres Moyse & les Profetes ceste petite Histoire ne fait rien, ce ne sera pas grande merueille ; si seulement elle peut apprendre à quelque esprit à se tenir tousiours sur ses gardes dans le Monde, & à se deffier de sa propre innocence, puisque nous sommes sujets à tant d'embusches & de perils, ie penseray n'auoir point mal employé le peu d'heures de diuertissement que i'ay occupées à tracer ceste Narration.

*Fin de l'Histoire Valentine.*

## Extraict du Priuilege du Roy.

PAR grace & Priuilege du Roy, il est permis à Antoine Chard, Marchand Libraire à Lyon, de faire imprimer, vendre & debiter, en tel charactere & volume qu'il voudra, vn Liure intitulé, DIOTREPHE, du Reuerendissime Pere en Dieu Messire IEAN PIERRE CAMVS, Euesque & Seigneur de Belley, Prince du Sainct Empire, Conseiller du Roy en ses Conseils d'Estat & Priué. Et ce durant le temps de neuf années consecutiues, à commencer du iour que ledit Liure sera acheué d'imprimer; Auec deffenses à tous Libraires & Imprimeurs, & autres personnes de quelque qualité & condition qu'ils soyent de ce Royaume, d'imprimer ou faire imprimer, vendre & debiter ledit Liure, autres que de ceux que ledit exposant aura faict imprimer; sur peine de confiscation des exemplaires qui se trouueront contrefaits dans cedit Royaume, ou amenez de païs estrangers, ou sous de fausses marques, ou noms de Villes desguisez, de mille liures d'amende, & de tous despens, dommages & interests enuers ledit CHARD: ainsi que plus à plein est contenu és Lettres patentes de sa Majesté, données à Paris le 2. iour d'Auril, 1626. & de son Regne le seziéme. Signées, Par le ROY en son Conseil,

RENOVARD.

*Et seellé du grand Seau, en cire iaune.*

Acheué d'imprimer le 30. Iuin, 1626.

## CONSENTEMENT.

IE n'empesche pour le Roy l'impression du Liure intitulé, DIOTREPHE, *de Monsieur l'Euesque de Belley*, estre faicte par ANTOINE CHARD, Marchand Libraire : & deffenses à tous autres Imprimeurs & Libraires d'y contreuenir, en suitte du Priuilege qu'il a de sa Majesté. A Lyon, ce vingt-quatriesme Auril, 1626.

PVGET, *Procureur du Roy*.

## PERMISSION.

IL est permis à ANTOINE CHARD, Marchand Libraire, de faire imprimer le Liure intitulé, DIOTREPHE, *de Monsieur l'Euesque de Belley*; en suitte du Priuilege qu'il a, & le consentement du Procureur du Roy, & deffenses en tel cas requises. Faict à Lyon, ce vingt-quatriesme Auril, 1626.

DE CHAPONAY,
*Lieutenant Gen.*

www.ingramcontent.com/pod-product-compliance
Lightning Source LLC
Chambersburg PA
CBHW051906160426
43198CB00012B/1772